卞尺丹几乙乚丹卞と

Translated Language Learning

Die Tagebücher von Adam und Eva

The Diaries of Adam and Eve
Mark Twain

Deutsch / English

Published by Tranzlaty
Die Tagebücher von Adam und Eva
The Diaries of Adam and Eve
ISBN: 978-1-83566-179-6
Original texts by Mark Twain:
Extracts from Adam's Diary: Translated from the Original Ms
First published in The Niagara Book 1893
Eve's Diary
Illustrated by Lester Ralph
First published in Harper's Bazaar 1905
www.tranzlaty.com

- Auszüge aus Adams Tagebuch -
- Extracts from Adam's Diary -

*Einen Teil dieses Tagebuchs hatte ich vor einigen Jahren
übersetzt*
I had translated a portion of this diary some years ago
Ein Freund von mir druckte ein paar Exemplare des Textes
a friend of mine printed a few copies of the text
Der Text war in unvollständiger Form
the text was in an incomplete form
Aber die Öffentlichkeit bekam diese Texte nie zu sehen
but the public never got to see those texts
**Seitdem habe ich einige weitere Hieroglyphen Adams
entziffert**
Since then I have deciphered some more of Adam's hieroglyphics
**Er ist nun als öffentliche Persönlichkeit hinreichend wichtig
geworden**
he has now become sufficiently important as a public character
**und ich denke, diese Veröffentlichung kann jetzt gerechtfertigt
werden**
and I think this publication can now be justified
-    *Mark Twain*

MONTAG - MONDAY
**Diese neue Kreatur mit den langen Haaren ist ständig im
Weg**
This new creature with the long hair is constantly in the way
Er hängt immer herum und folgt mir
It is always hanging around and following me about
Ich mag das nicht
I don't like this
Ich bin Gesellschaft nicht gewohnt
I am not used to company
Ich wünschte, es würde bei den anderen Tieren bleiben
I wish it would stay with the other animals
Heute bewölkt, Wind aus Ost

Cloudy to-day, wind in the east
Ich denke, wir werden Regen haben
I think we shall have rain
Woher habe ich dieses Wort?
Where did I get that word?
Ich erinnere mich jetzt
I remember now
Die neue Kreatur verwendet dieses Wort
the new creature uses that word

DIENSTAG - TUESDAY
Ich habe den großen Wasserfall untersucht
I've been examining the great waterfall
Der große Wasserfall ist das Schönste auf dem Anwesen, denke ich
the great waterfall is the finest thing on the estate, I think
Die neue Kreatur nennt es Niagarafälle
The new creature calls it Niagara Falls
warum heißt es Niagarafälle?
why does it call it Niagara falls?
Ich bin sicher, ich weiß es nicht
I am sure I do not know
es heißt, der Wasserfall sehe aus wie die Niagarafälle
it says the waterfall looks like Niagara Falls
Das ist kein Grund
That is not a reason
es ist bloßer Eigensinn und Schwachsinn
it is mere waywardness and imbecility
Ich habe keine Chance, selbst etwas zu nennen
I get no chance to name anything myself
Die neue Kreatur benennt alles, was kommt
The new creature names everything that comes along
Ich habe nicht einmal Zeit, zu protestieren
I don't even get time to protest
Es wird immer derselbe Vorwand angeboten
the same pretext is always offered

"Es sieht aus wie das Ding"
"it looks like the thing"
Da gibt es zum Beispiel den Dodo
There is the dodo, for instance
Es heißt, in dem Moment, in dem man es ansieht, sieht man, dass das Tier "wie ein Dodo aussieht"
it says the moment one looks at it one sees the animal "looks like a dodo"
Diesen Namen wird sie zweifellos behalten müssen
It will have to keep that name, no doubt
Es ermüdet mich, mich darüber zu ärgern
It wearies me to fret about it
Und es nützt sowieso nichts, sich darüber Gedanken zu machen
and it does no good to worry about it, anyway
Dodo! Er sieht nicht mehr aus wie ein Dodo als ich
Dodo! It looks no more like a dodo than I do

MITTWOCH - WEDNESDAY
Ich baute mir einen Unterschlupf gegen den Regen
I built myself a shelter against the rain
aber ich konnte es nicht in Ruhe für mich allein haben
but I could not have it to myself in peace
Die neue Kreatur drang ein
The new creature intruded
Ich habe versucht, es zu löschen
I tried to put it out
aber es hat Wasser aus den Löchern geschüttet, mit denen es aussieht
but it shed water out of the holes it looks with
Er wischte das Wasser mit dem Pfotenrücken weg
it wiped the water away with the back of its paws
und es machte ein Geräusch, wie es die Tiere tun, wenn sie in Not sind
and it made a noise like the animals do when they are in distress

Ich wünschte, es würde nicht reden

I wish it would not talk

es redet immer

it is always talking

Das klingt wie ein billiger Seitenhieb auf das arme Geschöpf

That sounds like a cheap fling at the poor creature

aber ich meine nicht, dass es wie eine Beleidigung klingt

but I do not mean it to sound like a slur

Ich habe noch nie zuvor die menschliche Stimme gehört

I have never heard the human voice before

Für mich ist es ein neuer und seltsamer Klang

for me it is a new and strange sound

und dieser Klang dringt in die feierliche Stille dieser träumenden Einsamkeit ein

and this sound intrudes itself upon the solemn hush of these dreaming solitudes

es beleidigt mein Ohr und scheint ein falscher Ton zu sein

it offends my ear and seems a false note

Und dieser neue Sound ist mir so nah

And this new sound is so close to me

Es ist direkt an meiner Schulter, direkt an meinem Ohr

it is right at my shoulder, right at my ear

zuerst auf der einen und dann auf der anderen Seite

first on one side and then on the other

Ich bin nur an Geräusche gewöhnt, die weit von mir entfernt sind

I am used only to sounds that are at a distance from me

FREITAG - FRIDAY

Die Namensgebung geht rücksichtslos weiter, trotz allem, was ich tun kann

The naming goes recklessly on, in spite of anything I can do

Ich hatte einen sehr guten Namen für das Anwesen: Garten Eden

I had a very good name for the estate: Garden of Eden

Es war musikalisch und hübsch
it was musical and pretty
Privat nenne ich es immer noch so
Privately, I continue to call it that
aber ich nenne es in der Öffentlichkeit nicht mehr so
but I don't call it that in public anymore
Die neue Kreatur sagt, dass es nur aus Wäldern und Felsen und Landschaften besteht
The new creature says it is all woods and rocks and scenery
Daher habe es keine Ähnlichkeit mit einem Garten, heißt es
therefore it has no resemblance to a garden, it says
Es heißt, es sieht aus wie ein Park
it says it looks like a park
Es heißt, es sieht aus wie nichts anderes als ein Park
it says it does not look like anything but a park
Ohne Rücksprache mit mir beschloss sie, den Garten umzubenennen
without consulting me, it decided to rename the garden
jetzt heißt es Niagara Falls Park
now it's called Niagara falls park
Es wird mir zu viel
it is becoming too much for me
Und es gibt auch schon eine Anmeldung
And there is already a sign up
"Halte dich vom Gras fern"
"Keep off the grass"
Mein Leben ist nicht mehr so glücklich wie früher
My life is not as happy as it was

SAMSTAG - SATURDAY
Die neue Kreatur isst zu viel Obst
The new creature eats too much fruit
Es kann gut sein, dass uns bald die Früchte ausgehen
We may well run short of fruit quite soon
"wir", schon wieder. Das ist eines seiner Worte
"we", again. That is one of its words

Ich habe das Wort schon so oft gehört
I've heard the word so many times
Und jetzt ist es auch eines meiner Worte
and now it's one of my words too

Heute Morgen gibt es viel Nebel
There is a good deal of fog this morning
Ich gehe nicht hinaus in den Nebel
I do not go out in the fog
Die neue Kreatur verschwindet immer im Nebel
The new creature always goes out in the fog
Es geht bei jedem Wetter raus
It goes out in all weathers
**Er stolpert mit seinen schlammigen Füßen draußen herum
und redet**
it stumps around outside with its muddy feet and talks
Früher war es hier so angenehm und ruhig
It used to be so pleasant and quiet here

SONNTAG - SUNDAY
Dieser Tag wird immer anstrengender
This day is getting to be more and more trying
**Im vergangenen November haben wir diesen Tag zu einem
Ruhetag gemacht**
last November we made this day a day of rest
Ich hatte bereits sechs Tage Ruhe pro Woche
I already had six days of rest per week
**Heute morgen habe ich die neue Kreatur am verbotenen
Baum gefunden**
This morning I found the new creature at the forbidden tree
Er versuchte, Äpfel aus dem verbotenen Baum zu streichen
it was trying to clod apples out of that forbidden tree

MONTAG - MONDAY
Die neue Kreatur sagt, ihr Name sei Eva
The new creature says its name is Eve
Das ist in Ordnung
That is all right
Ich habe nichts dagegen, dass es Eva heißt
I have no objections to it being called Eve
es heißt, ich solle Eva anrufen, wenn ich will, dass sie kommt
it says I should call Eve when I want it to come
Ich sagte, das wäre überflüssig
I said that would be superfluous
Das Wort erhob mich offensichtlich in seiner Achtung
The word evidently raised me in its respect
Es ist in der Tat ein großes und gutes Wort
it is indeed a large and good word
Dieses Wort wird es wert sein, wiederholt zu werden
this word will be worth repeating
Es sagt, dass es kein "Es" ist
It says it is not an "it"
es heißt, es sei ein "Sie"
it says it is a "She"
Das dürfte zweifelhaft sein
This is probably doubtful
aber es ist mir einerlei
but it is all the same to me
Was auch immer sie ist, es würde nichts ausmachen, wenn sie nicht so viel reden würde
whatever she is wouldn't matter if she didn't talk so much

DIENSTAG - TUESDAY
Sie hat das ganze Anwesen mit abscheulichen Namen und beleidigenden Schildern übersät:
She has littered the whole estate with execrable names and offensive signs:
"Hier geht's zum Whirlpool"

"this way to the whirlpool"
"Hier geht's zur Ziegeninsel"
"this way to goat island"
"Höhle der Winde auf diese Weise"
"cave of the winds this way"
Sie sagt, dass dieser Park eine ordentliche Sommerfrische abgeben würde
She says this park would make a tidy summer resort
Aber Sommerfrische sind keineswegs üblich
but summer resorts are not at all customary
"Sommerfrische" - eine weitere Erfindung von ihr
"Summer resort" - another invention of hers
Nur Worte ohne Bedeutung
just words without any meaning
Was ist eine Sommerfrische?
What is a summer resort?
Aber es ist am besten, sie nicht zu fragen
But it is best not to ask her
Sie hat so viel Energie zum Erklären
she has so much energy for explaining

FREITAG - FRIDAY
Sie hat mich angefleht, nicht mehr über die Wasserfälle zu gehen
She has taken to beseeching me to stop going over the Falls
Welchen Schaden richtet es an?
What harm does it do?
Sagt, dass es sie erschaudern lässt
Says it makes her shudder
Ich frage mich, warum es sie erschaudern lässt
I wonder why it makes her shudder
Ich bin immer von den Wasserfällen runtergesprungen
I have always jumped down from the waterfalls
Ich mochte den Sprung und die Aufregung
I liked the plunge and the excitement
und ich mochte die Kühle des Wassers

and I liked the coolness of the water
Ich nahm an, dass es das war, wofür die Wasserfälle da waren
I supposed it was what the Falls were for
Sie haben keinen anderen Nutzen, den ich sehen kann
They have no other use that I can see
und sie müssen für irgendetwas gemacht worden sein
and they must have been made for something
Sie sagt, dass sie nur für die Landschaft gemacht wurden
She says they were only made for scenery
wie das Nashorn und das Mastodon
like the rhinoceros and the mastodon
Ich fuhr in einem Fass über die Wasserfälle
I went over the Falls in a barrel
Aber das war für sie nicht zufriedenstellend
but that was not satisfactory to her
Ich ging in einer Wanne über die Wasserfälle
I Went over the falls in a tub
Es war immer noch nicht zufriedenstellend
it was still not satisfactory
Ich schwamm den Whirlpool und die Stromschnellen in einem Feigenblattanzug
I swam the Whirlpool and the Rapids in a fig-leaf suit
Mein Anzug wurde sehr beschädigt
my suit got very damaged
so musste ich mir mühsame Klagen über meine Extravaganz anhören
so I had to listen to tedious complaints about my extravagance
Ich bin hier zu behindert
I am too hampered here
Was ich brauche, ist ein Tapetenwechsel
What I need is change of scenery

SAMSTAG - SATURDAY

Ich bin letzten Dienstagabend geflohen und zwei Tage gereist
I escaped last Tuesday night and travelled two days
Ich baute einen weiteren Unterschlupf an einem abgelegenen Ort
I built another shelter in a secluded place
und ich verwischte meine Spuren, so gut ich konnte
and I obliterated my tracks as well as I could
aber sie jagte mich mit Hilfe eines ihrer Tiere
but she hunted me out with the aid of one of her beasts
ein Tier, das sie gezähmt hat und einen Wolf nennt
a beast which she has tamed and calls a wolf
Sie kam und machte wieder diesen jämmerlichen Lärm
she came making that pitiful noise again
und sie vergoss dieses Wasser aus den Orten, mit denen sie suchte
and she was shedding that water out of the places she looks with
Ich war gezwungen, mit ihr zurückzukehren
I was obliged to return with her
aber ich werde wieder auswandern, wenn sich eine Gelegenheit bietet
but I will emigrate again, when an occasion presents itself

Sie lässt sich auf viele törichte Dinge ein
She engages herself in many foolish things
Sie versucht zu verstehen, warum die Löwen und Tiger Gras und Blumen fressen
she's trying to understand why the lions and tigers eat grass and flowers
Sie sagt, dass ihre Zähne darauf hindeuten würden, dass sie dazu bestimmt waren, sich gegenseitig zu fressen
she says their teeth would indicate that they were intended to eat each other
Das ist eine törichte Idee

This is a foolish idea
Dazu müssten sie sich gegenseitig umbringen
to do that they would have to kill each other
so wie ich es verstehe, würde das das einführen, was man "Tod" nennt
as I understand it that would introduce what is called "death"
und man hat mir gesagt, dass der Tod den Park noch nicht betreten hat
and I have been told that death has not yet entered the Park
In mancher Hinsicht ist das schade
on some accounts that is a pity

SONNTAG - ausgeruht
SUNDAY - rested

MONTAG - MONDAY
Ich glaube, ich verstehe, wozu die Woche da ist
I believe I see what the week is for
es soll Zeit geben, sich von der Müdigkeit des Sonntags auszuruhen
it is to give time to rest up from the weariness of Sunday
Es scheint eine gute Idee zu sein
It seems a good idea

Sie ist wieder auf diesen Baum geklettert
She has been climbing that tree again
Ich habe sie da rausgehauen
I clodded her out of it
Sie sagte, niemand schaue hin
She said nobody was looking
Sie scheint dies für eine ausreichende Rechtfertigung zu halten
she seems to consider that a sufficient justification
Aber es ist keine Rechtfertigung dafür, etwas Gefährliches zu tun
but it is no justification for chancing a dangerous thing

Ich sagte ihr, dass es keine Rechtfertigung für das sei, was sie getan habe

I told her it was no justification for what she did

Das Wort "Rechtfertigung" bewegte ihre Bewunderung

The word "justification" moved her admiration

sie schien mich ein wenig zu beneiden, dachte ich

she seemed to envy me a little, I thought

Es ist ein gutes Wort

It is a good word

Ich werde das Wort öfter verwenden

I shall use the word more often

DONNERSTAG - THURSDAY

Sie erzählte mir, dass sie aus einer meiner Rippen gemacht wurde

She told me she was made out of one of my ribs

Ich bezweifle etwas, was sie sagt

I somewhat doubt what she says

Mir scheint keine Rippe zu fehlen

I don't seem to be missing a rib

und ich kann mir nicht vorstellen, wie sie aus meiner Rippe gemacht worden wäre

and I can't imagine how she would have been made from my rib

Sie macht viel Aufhebens um den Bussard

She is making a great fuss about the buzzard

Sie sagt, sein Magen sei mit dem Gras nicht einverstanden

she says his stomach does not agree with the grass

Sie hat Angst, dass sie den Bussard nicht aufziehen kann

she is afraid she can't raise the buzzard

Sie glaubt, dass es dazu gedacht war, von verwestem Fleisch zu leben

she thinks it was intended to live on decayed flesh

Der Bussard muss so gut wie möglich mit dem auskommen, was ihm zur Verfügung gestellt wird

The buzzard must get along the best it can with what is

provided
Wir können nicht das ganze System kippen, um den Bussard unterzubringen
We cannot overturn the whole scheme to accommodate the buzzard

SAMSTAG - SATURDAY
Sie fiel in den Teich, während sie sich darin betrachtete
She fell in the pond while she was looking at herself in it
sie schaut immer auf sich selbst
she is always looking at herself
Sie wurde fast vom Wasser erwürgt
She was nearly strangled by the water
und sie sagte, es sei höchst unangenehm
and she said it was most uncomfortable
Das tat ihr leid um die Kreaturen, die im Wasser leben
This made her sorry for the creatures which live in the water
die Kreaturen, die sie Fische nennt
the creatures which she calls fish
Sie befestigt weiterhin Namen an Dingen, die sie nicht brauchen
she continues to fasten names on to things that don't need them
Sie kommen nicht, wenn sie mit diesen Namen gerufen werden
the don't come when they are called by those names
Aber das ist für sie keine Bedeutung
but this is a matter of no consequence to her
Sie ist so ein Taubschädel
she is such a numbskull
Sie hat letzte Nacht viele Fische aus dem Wasser geholt
she took a lot of the fish out of the water last night
und dann brachte sie sie ins Haus
and then she brought them into the house
Sie legte sie in mein Bett, damit sie warm waren
she put them in my bed so they would be warm

Aber sie scheinen nicht glücklicher zu sein als dort, wo sie vorher waren

but they don't seem any happier than where they were before

alles, was ich sehen kann, ist, dass sie leiser sind

all I can see is that they are quieter

Wenn die Nacht kommt, werde ich sie wieder hinauswerfen

When night comes I shall throw them out again

Ich werde nicht mehr mit diesen Fischen in meinem Bett schlafen

I will not sleep with these fish in my bed again

Ich finde es klamm und unangenehm, unbekleidet zwischen ihnen zu liegen

I find lying unclothed among them clammy and unpleasant

SONNTAG – SUNDAY

- ausgeruht

- rested

DIENSTAG - TUESDAY

Sie hat sich mit einer Schlange angefreundet

She has made friends with a snake

Die anderen Tiere sind froh, dass sie mit der Schlange befreundet ist

The other animals are glad that she is friends with the snake

weil sie immer mit den anderen Tieren experimentierte

because she was always experimenting with the other animals

und sie störte immer die anderen Tiere

and she was always bothering the other animals

und ich bin auch froh, dass sie mit der Schlange befreundet ist

and I am also glad she is friends with the snake

weil die Schlange spricht

because the snake talks

Jetzt verbringt sie mehr Zeit damit, mit der Schlange zu reden als mit mir

now she spends more time talking with the snake instead of

me
und das ermöglicht es mir, mich auszuruhen
and this enables me to get a rest

FREITAG - FRIDAY
Sie sagt, die Schlange rät ihr, die Früchte des verbotenen Baumes zu probieren
She says the snake advises her to try the fruit of the forbidden tree
und sie sagt, das Ergebnis wird eine große und feine und edle Erziehung sein
and she says the result will be a great and fine and noble education
Ich sagte ihr, dass es auch ein anderes Ergebnis geben würde
I told her there would be another result, too
Vom Baum zu essen, würde den Tod in die Welt bringen
eating from the tree would introduce death into the world
Ihr zu sagen, dass die Frucht den Tod in die Welt bringen würde, war ein Fehler
telling her the fruit would bring death into the world was a mistake
Es wäre besser gewesen, die Bemerkung für mich zu behalten
it would have been better to keep the remark to myself
Als sie ihr vom Tod erzählte, kam sie auf eine andere Idee
telling her about death gave her another idea
Sie konnte den kranken Bussard retten
she could save the sick buzzard
und sie konnte die verzagten Löwen und Tiger mit frischem Fleisch versorgen
and she could furnish fresh meat to the despondent lions and tigers
Ich riet ihr, sich von dem Baum fernzuhalten
I advised her to keep away from the tree
Sie sagte, sie würde sich nicht von dem Baum fernhalten
She said she wouldn't keep away from the tree

Ich sehe Ärger voraus und werde auswandern

I foresee trouble and I will emigrate

MITTWOCH - WEDNESDAY

Seit meiner Flucht habe ich eine bewegte Zeit hinter mir

I have had an eventful time since I escaped

Ich entkam in der Nacht, in der sie vom Baum aß

I escaped on the night she ate from the tree

und ich ritt die ganze Nacht auf einem Pferd, so schnell er konnte

and I rode a horse all night as fast as he could go

Ich hoffte, aus dem Park herauszukommen und mich in einem anderen Land zu verstecken

I hoped to get out of the park and hide in some other country

Ich hoffte, dass ich entkommen würde, bevor der Ärger begann

I hoped I would get away before the trouble began

Aber meine Pläne sollten nicht sein

but my plans were not to be

Etwa eine Stunde nach Sonnenaufgang ritt ich durch eine blumige Ebene

About an hour after sunup I was riding through a flowery plain

Tausende von Tieren weideten und schlummerten

thousands of animals were grazing and slumbering

und die Jungtiere spielten miteinander

and the young animals were playing with each other

Plötzlich brachen sie in einen Sturm furchtbarer Geräusche aus

all of a sudden they broke into a tempest of frightful noises

und in einem Augenblick war die Ebene in rasender Aufregung

and in one moment the plain was in a frantic commotion

Jedes Tier vernichtete seinen Nachbarn

every beast was destroying its neighbour

Ich wusste, was es bedeutete; Eva hatte diese Frucht

gegessen
I knew what it meant; Eve had eaten that fruit
Der Tod war in die Welt gekommen
death had come into the world
Die Tiger fraßen mein Pferd
The tigers ate my horse
sie achteten nicht darauf, als ich ihnen befahl, es zu unterlassen
they payed no attention when I ordered them to desist
sie hätten mich sogar gefressen, wenn ich geblieben wäre
they would even have eaten me if I had stayed
Ich habe diesen Ort außerhalb des Parks gefunden
I found this place outside the park
Ich fühlte mich ein paar Tage lang ziemlich wohl
I was fairly comfortable for a few days
aber sie hat mein Versteck gefunden
but she has found my hiding place
und sie hat den Ort Tonawanda genannt
and she has named the place Tonawanda
sie sagt, es sieht aus wie Tonawanda
she says it looks like Tonawanda

Tatsächlich tat es mir nicht leid, dass sie kam
In fact, I was not sorry she came
Hier gibt es nur magere Beute
there are but meagre pickings here
und sie brachte einige dieser Äpfel mit
and she brought some of those apples
Ich war so hungrig, dass ich sie essen wollte
I was so hungry that I to eat them
Diese Äpfel zu essen, war gegen meine Prinzipien
eating those apples was against my principles
aber ich finde, dass Prinzipien keine wirkliche Kraft haben, außer wenn man gut genährt wird
but I find that principles have no real force except when one is well fed

Sie kam in Zweige und Blätterbüschel gehüllt
She came curtained in boughs and bunches of leaves
Ich fragte sie, was sie mit solchem Unsinn meinte
I asked her what she meant by such nonsense
Ich entriss ihr die Blätter
I snatched the leaves from her
und warf ihre Decke auf die Erde
and threw her coverings onto the ground
sie kicherte und errötete, als ich das tat
she tittered and blushed when I did this
Ich hatte noch nie zuvor eine Person gesehen, die kicherte und errötete
I had never seen a person titter and blush before
Ihr Benehmen schien unschicklich und idiotisch zu sein
her manner seemed to be unbecoming and idiotic
aber sie sagte, ich würde bald wissen, wie es sich anfühlte
but she said I would soon know how it felt
Damit hatte sie recht
in this she was correct
Ich habe das Gefühl der Scham verstanden
I have come to understand the feeling of shame

Hungrig wie ich war, legte ich den Apfel halb aufgegessen hin
Hungry as I was, I laid down the apple half eaten
es war sicherlich der beste Apfel, den ich je gesehen habe
it was certainly the best apple I ever saw
Es war ein besonders guter Apfel, wenn man bedenkt, wie spät die Saison war
it was as especially good apple, considering the lateness of the season
und ich bedeckte mich mit den weggeworfenen Ästen und Zweigen
and I covered myself in the discarded boughs and branches
dann sprach ich mit einer gewissen Strenge zu ihr
then I spoke to her with some severity

Ich befahl ihr, noch ein paar Äpfel zu holen
I ordered her to go and get some more apples
und ich sagte ihr, sie solle nicht so ein Schauspiel aus sich machen
and I told her not make such a spectacle of herself
Sie tat, was ich ihr gesagt hatte
She did as I told her
Dann schlichen wir hinunter zu der Stelle, wo die wilden Tiere schlecht kämpften
then we crept down to where the wild beasts bad battled
und wir sammelten einige ihrer Felle
and we collected some of their furs
Ich ließ sie ein paar Anzüge zusammenflicken, die für öffentliche Anlässe geeignet waren
I made her patch together a couple of suits proper for public occasions
Sie sind unbequem, das ist wahr
They are uncomfortable, it is true
Aber diese Kleidung, die wir jetzt tragen, ist stilvoll
but this clothing we now wear is stylish
Und das ist der Hauptpunkt bei der Kleidung
and that is the main point about clothes

Ich finde, sie ist eine gute Begleiterin
I find she is a good companion to have
Ohne sie wäre ich einsam und deprimiert
I would be lonesome and depressed without her
wenn ich sie nicht hätte, hätte ich niemanden
if I didn't have her I wouldn't have anyone
Aber sie sagt, es sei befohlen, dass wir von nun an für unseren Lebensunterhalt arbeiten
but she says it is ordered that we work for our living from now on
Sie wird bei der Aufteilung der Arbeit nützlich sein
She will be useful in dividing up the work
Ich werde die Arbeit, die wir tun, beaufsichtigen

I will superintend over the work we do

Zehn Tage später
Ten Days Later
Sie beschuldigt mich, die Ursache für unsere Katastrophe zu sein!
She accuses me of being the cause of our disaster!
Sie sagt, die Schlange habe ihr versichert, dass die verbotene Frucht keine Äpfel seien
She says the Serpent assured her that the forbidden fruit was not apples
Und sie sagt dies mit scheinbarer Aufrichtigkeit und Wahrheit
and she says this with apparent sincerity and truth
Sie sagt, dass es keine Äpfel waren, sondern Kastanien
she says they weren't apples, but instead that they were chestnuts
Ich sagte, ich sei unschuldig, da ich keine Kastanien gegessen habe
I said I was innocent since I had not eaten any chestnuts
aber die Schlange teilte ihr mit, dass "Kastanie" auch eine bildliche Bedeutung haben könnte
but the Serpent informed her that "chestnut" could also have a figurative meaning
Sie sagt, dass eine Kastanie ein alter und verschimmelter Witz sein kann
she says a chestnut can be an aged and mouldy joke
Ich wurde blass bei dieser Definition
I turned pale at this definition
weil ich viele Witze gemacht habe, um mir die müde Zeit zu vertreiben
because I have made many jokes to pass the weary time
und einige von ihnen hätten meine Witze von der Kastaniensorte sein können
and some of them my jokes could have been of the chestnut variety

aber ich hatte ehrlich angenommen, dass es neue Witze waren, als ich sie machte

but I had honestly supposed that they were new jokes when I made them

Sie fragte mich, ob ich gerade zum Zeitpunkt der Katastrophe irgendwelche Witze gemacht hätte

She asked me if I had made any jokes just at the time of the catastrophe

Ich musste zugeben, dass ich mir einen Witz gemacht hatte

I was obliged to admit that I had made a joke to myself

obwohl ich den Witz nicht laut gemacht habe

although I did not make the joke aloud

Das war der Witz, den ich mir dachte:

this was the joke I was thinking to myself:

Ich dachte an die Wasserfälle

I was thinking about the waterfalls

"Wie wunderbar ist es doch, dieses riesige Gewässer da unten stürzen zu sehen!"

"How wonderful it is to see that vast body of water tumble down there!"

Dann schoss mir augenblicklich ein heller Gedanke durch den Kopf

Then in an instant a bright thought flashed into my head

"Es wäre viel schöner, das Wasser den Wasserfall hinaufstürzen zu sehen!"

"It would be a great deal more wonderful to see the water tumble up the waterfall!"

Ich war kurz davor, vor Lachen zu sterben, als die ganze Natur losbrach

I was just about to die from laughing when all nature broke loose

und ich musste um mein Leben fliehen

and I had to flee for my life

"Jetzt siehst du", sagte sie triumphierend

"now you see" she said triumphantly

"Die Schlange erwähnte genau diesen Scherz"

"the Serpent mentioned that very jest"
"Er nannte es die erste Kastanie"
"he called it the First Chestnut"
"Und er sagte, es sei zeitgleich mit der Schöpfung"
"and he said it was coeval with the creation"
Ach, ich bin in der Tat schuld
Alas, I am indeed to blame
Ich wünschte, ich wäre nicht so geistreich
I wish that I were not so witty
Ich wünschte, ich hätte diesen strahlenden Gedanken nie gehabt!
I wish that I had never had that radiant thought!

- Nächstes Jahr -
- Next Year –

Wir haben es Kain genannt
We have named it Cain
Sie fing es, als ich am Nordufer der Erie auf dem Land war, um Fallen zu stellen
She caught it while I was up country trapping on the North Shore of the Erie
Sie fing es im Holz, ein paar Meilen von unserem Unterstand entfernt
she caught it in the timber a couple of miles from our dug-out
oder es könnten vier Meilen gewesen sein
or it might have been four miles
Sie ist sich nicht sicher, wie weit es war
she isn't certain how far it was
Es ähnelt uns in gewisser Weise
It resembles us in some ways
Es kann sogar eine Beziehung zu uns sein
it may even be a relation to us
Das ist es, was sie denkt
That is what she thinks
Aber das ist nach meinem Urteil ein Irrtum

but this is an error, in my judgement

Der Größenunterschied deutet darauf hin, dass es sich um eine neue Tierart handelt

The difference in size suggests it is a new kind of animal

es ist vielleicht ein Fisch

it is perhaps a fish

aber als ich es ins Wasser legte, sank es

though when I put it in the water it sank

und sie stürzte hinein und riß es aus dem Wasser

and she plunged in and snatched it out of the water

Es gab also keine Möglichkeit für das Experiment, die Sache zu bestimmen

so there was no opportunity for the experiment to determine the matter

Ich denke immer noch, dass es ein Fisch ist

I still think it is a fish

aber es ist ihr gleichgültig, was es ist

but she is indifferent about what it is

und sie wird es mir nicht erlauben, es zu versuchen

and she will not let me have it to try

Ich verstehe das nicht

I do not understand this

Das Kommen der Kreatur scheint ihr ganzes Wesen verändert zu haben

The coming of the creature seems to have changed her whole nature

Es hat sie unvernünftig gegenüber Experimenten gemacht

it has made her unreasonable about experiments

Sie denkt mehr daran als an irgendein anderes Tier

She thinks more of it than she does of any of the other animals

Aber sie kann sich nicht erklären, warum es ihr so gut gefällt

but she is not able to explain why she likes it so much

Ihr Verstand ist verwirrt

Her mind is disordered

Alles zeigt, wie ungeordnet ihr Geist ist

everything shows how disordered her mind is

Manchmal trägt sie den Fisch die halbe Nacht auf dem Arm

Sometimes she carries the fish in her arms half the night

Sie kümmert sich um den Fisch, wenn er sich beschwert

she looks after the fish when it complains

Ich glaube, er beschwert sich, weil er ans Wasser will

I think it complains because it wants to get to the water

In solchen Momenten kommt das Wasser aus den Orten, aus denen sie herausschaut

At such times the water comes out of the places that she looks out of

und sie klopft dem Fisch auf den Rücken und macht leise Laute mit ihrem Mund

and she pats the fish on the back and makes soft sounds with her mouth

sie verrät Kummer und Sorge auf hunderterlei Weise

she betrays sorrow and solicitude in a hundred ways

Ich habe sie noch nie so mit einem anderen Fisch machen sehen

I have never seen her do like this with any other fish

und ihr Verhalten gegenüber den Fischen beunruhigt mich sehr

and her actions towards the fish trouble me greatly

Früher trug sie die jungen Tiger herum, wie sie es mit den Fischen tut

She used to carry the young tigers around like she does with the fish

und sie spielte mit den Tigern, bevor wir unser Eigentum verloren

and she used play with the tigers before we lost our property

Aber mit den Tigern spielte sie nur mit ihnen

but with the tigers she was only playing with them

Sie machte sich nie Sorgen um sie, wenn ihr Abendessen nicht mit ihnen übereinstimmte

she never worried about them when their dinner disagreed with them

SONNTAG - SUNDAY
Sonntags arbeitet sie nicht
She doesn't work Sundays
aber sie liegt ganz müde herum
but she lies around all tired out
und sie mag es, wenn sich der Fisch über ihr suhlt
and she likes to have the fish wallow over her
sie macht törichte Geräusche, um den Fisch zu amüsieren
she makes foolish noises to amuse the fish
und sie tut so, als würde sie an ihren Pfoten kauen
and she pretends to chew its paws
Das bringt den Fisch zum Lachen
the makes the fish laugh
Ich habe noch nie einen Fisch gesehen, der lachen konnte
I have not seen a fish before that could laugh
Das lässt mich daran zweifeln, ob es sich wirklich um einen Fisch handelt
This makes me doubt whether it really is a fish
Ich habe den Sonntag selbst zu mögen gelernt
I have come to like Sunday myself
Die ganze Woche zu beaufsichtigen, ermüdet einen Körper so
Superintending all the week tires a body so
Es sollte mehr Sonntage geben
There ought to be more Sundays
Früher waren die Sonntage hart
In the old days Sundays were tough
aber jetzt sind Sonntage sehr praktisch
but now Sundays are very handy to have

MITTWOCH - WEDNESDAY
Es ist kein Fisch
It isn't a fish
Ich kann nicht genau erkennen, was es ist
I cannot quite make out what it is
Es macht seltsame und teuflische Geräusche, wenn es nicht

zufrieden ist
It makes curious and devilish noises when not satisfied
und es sagt "goo-goo", wenn es zufrieden ist
and it says "goo-goo" when it is satisfied
Er ist nicht einer von uns, denn er geht nicht
It is not one of us, for it doesn't walk
Er ist kein Vogel, denn er fliegt nicht
it is not a bird, for it doesn't fly
Es ist kein Frosch, denn er hüpft nicht
it is not a frog, for it doesn't hop
Es ist keine Schlange, denn es kriecht nicht
it is not a snake, for it doesn't crawl
Ich bin mir sicher, dass es kein Fisch ist
I feel sure it is not a fish
aber ich habe keine Chance herauszufinden, ob es schwimmen kann oder nicht
but I cannot get a chance to find out whether it can swim or not
Er liegt nur herum, meist auf dem Rücken, mit hochgelegten Füßen
It merely lies around, mostly on its back, with its feet up
Ich habe noch kein anderes Tier gesehen, das das getan hat
I have not seen any other animal do that before
Ich sagte, ich glaube, es sei ein Rätsel
I said I believed it was an enigma
aber sie bewunderte das Wort nur, ohne es zu verstehen
but she only admired the word without understanding it
Meiner Meinung nach ist es entweder ein Rätsel oder eine Art Fehler
In my judgement it is either an enigma or some kind of a bug
Wenn es stirbt, werde ich es auseinandernehmen und sehen, wie es angeordnet ist
If it dies, I will take it apart and see what its arrangements are
Ich hatte noch nie etwas, das mich so sehr verwirrt hat
I never had a thing perplex me so much

Es wird nur noch verwirrender statt weniger
it is only getting more perplexing, instead of less
Ich schlafe nur wenig
I sleep but little
es hat aufgehört, herumzuliegen
it has ceased from lying around
Er geht jetzt auf seinen vier Beinen umher
it goes about on its four legs now
Dennoch unterscheidet er sich von den anderen Vierbeinern
Yet it differs from the other four-legged animals
Die Vorderbeine sind ungewöhnlich kurz
its front legs are unusually short
Dies führt dazu, dass der Hauptteil seines Körpers unangenehm hoch steht
this causes the main part of its body to stick up uncomfortably high
und das ist nicht attraktiv
and this is not attractive
Es ist so gebaut wie wir
It is built much as we are
aber seine Art zu reisen zeigt, dass er nicht von unserer Rasse ist
but its method of travelling shows that it is not of our breed
Die kurzen Vorderbeine und die langen Hinterbeine deuten darauf hin, dass es zur Familie der Kängurus gehört
The short front legs and long hind ones indicate that it is of the kangaroo family
aber es ist eine deutliche Variation der Art
but it is a marked variation of the species
Das wahre Känguru hüpft, aber dieses tut es nie
the true kangaroo hops, but this one never does
Trotzdem ist es eine kuriose und interessante Sorte
Still, it is a curious and interesting variety

und es wurde noch nie katalogisiert
and it has not been catalogued before
So wie ich es entdeckt habe, fühle ich mich berechtigt, mir die Anerkennung der Entdeckung zu sichern
As I discovered it, I feel justified in securing the credit of the discovery
und ich werde derjenige sein, der meinen Namen daran anhängt
and I shall be the one to attach my name to it
deshalb habe ich es Kangaroorum Adamiensis genannt
so I have called it Kangaroorum Adamiensis

Es muss ein junger Mann gewesen sein, als er kam
It must have been a young one when it came
weil es über die Maßen gewachsen ist, seit es gekommen ist
because it has grown exceedingly since it came
Er muss heute fünfmal so groß sein wie damals
It must be five times as big, now, as it was then
Wenn es unzufrieden ist, kann es zweiundzwanzig- bis achtunddreißigmal so viel Lärm machen wie am Anfang
when discontented it can make twenty-two to thirty-eight times the noise it made at first
Daran ändert auch Zwang nichts
Coercion does not modify this
Wenn überhaupt, hat Zwang den gegenteiligen Effekt
if anything, coercion has the contrary effect
Aus diesem Grund habe ich das System eingestellt
For this reason I discontinued the system
Sie versöhnt es durch Überredung
She reconciles it by persuasion
Und sie gibt ihm Dinge, von denen sie ihm vorher gesagt hatte, dass sie sie ihm nicht geben würde
and she gives it things which she had previously told it she wouldn't give it
Wie bereits erwähnt, war ich nicht zu Hause, als es zum ersten Mal kam

As already observed, I was not at home when it first came
und sie erzählte mir, dass sie es im Wald gefunden hat
and she told me she found it in the woods
Es scheint seltsam, dass es das einzige sein sollte
It seems odd that it should be the only one
und doch muss es der einzige sein
yet it must be the only one
Ich habe mich erschöpft, als ich versuchte, einen anderen zu finden
I have worn myself out trying to find another one
wenn ich noch ein anderes in meiner Sammlung hätte, könnte ich es besser studieren
if I had another one in my collection I could study it better
und dann hätte dieser einen seiner Art zum Spielen
and then this one would have one of its kind to play with
Sicherlich, dann wäre es ruhiger
surely, then it would be quieter
und dann könnten wir es leichter zähmen
and then we could tame it more easily
Aber ich finde keine, auch keine Spur von irgendwelchen
But I find none, nor any vestige of any
und das Seltsamste von allem ist, dass ich keine Spuren gefunden habe
and strangest of all, I have found no tracks
Er muss auf dem Boden leben
It has to live on the ground
sie kann sich nicht selbst helfen
it cannot help itself
Wie kommt es also voran, ohne eine Spur zu hinterlassen?
therefore, how does it get about without leaving a track?
Ich habe ein Dutzend Fallen aufgestellt
I have set a dozen traps
aber die Fallen nützen nichts
but the traps do no good
Ich fange alle Kleintiere bis auf dieses eine
I catch all the small animals except that one

Tiere, die nur aus Neugier in die Falle gehen
animals that merely go into the trap out of curiosity
Ich glaube, sie gehen hin, um zu sehen, wozu die Milch da ist
I think they go to see what the milk is there for
aber sie trinken diese Milch nie
but they never drink this milk

- Drei Monate spatter -
- Three Months Later –

Das Känguru wächst immer noch weiter
The kangaroo still continues to grow
Dieses kontinuierliche Wachstum ist sehr seltsam und verwirrend
this continual growth is very strange and perplexing
Ich habe noch nie ein Tier gekannt, das so viel Zeit mit dem Wachsen verbringt
I never knew any animal to spend so much time growing
Es hat jetzt Fell auf dem Kopf, aber nicht wie Kängurufell
It has fur on its head now, but not like kangaroo fur
Es ist genau wie unser Haar, aber feiner und weicher
it's exactly like our hair, but finer and softer
und anstatt schwarz zu sein, ist sein Fell rot
and instead of being black its fur is red
Ich verliere gerne den Verstand über diesen zoologischen Freak
I am like to lose my mind over this zoological freak
Die launischen und belästigenden Entwicklungen sind nicht einzuordnen
the capricious and harassing developments are unclassifiable
Wenn ich nur noch einen fangen könnte
If only I could catch another one
aber es ist aussichtslos, einen anderen zu finden
but it is hopeless trying to find another
Ich muss akzeptieren, dass es sich um eine neue Sorte

handelt
I have to accept that it is a new variety
Es ist das einzige Beispiel, das ist deutlich zu sehen
it is the only sample, this is plain to see
Aber ich habe ein echtes Känguru gefangen und es hereingebracht
But I caught a true kangaroo and brought it in
Ich dachte, dass dieser einsam sein könnte
I thought that this one might be lonesome
Es könnte also lieber ein Känguru als Gesellschaft haben
so it might prefer to have a kangaroo for company
sonst hätte es überhaupt keine Verwandtschaft
otherwise it would have no kin at all
und es hätte kein Tier, dem es eine Nähe fühlen könnte
and it would have no animal that it could feel a nearness to
Auf diese Weise könnte es unter Fremden Sympathie für seinen verlassenen Zustand bekommen
this way it might get sympathy for its forlorn condition among strangers
Fremde, die seine Wege und Gewohnheiten nicht kennen
strangers who do not know its ways or habits
Fremde, die nicht wissen, wie sie es sich unter Freunden anfühlen lassen sollen
strangers who do not know how to make it feel that it is among friends
Aber es war ein Fehler
but it was a mistake
Es bekam schreckliche Anfälle beim Anblick des Känguruhs
it went into terrible fits at the sight of the kangaroo
Ich bin überzeugt, dass es noch nie zuvor ein Känguru gesehen hat
I am convinced it had never seen a kangaroo before
Ich habe Mitleid mit dem armen, lärmenden Tierchen
I pity the poor noisy little animal
aber es gibt nichts, was ich tun kann, um es glücklich zu machen

but there is nothing I can do to make it happy
Ich würde es gerne zähmen, aber das kommt nicht in Frage
I would like to tame it, but that is out of the question
je mehr ich es versuche, desto schlimmer scheine ich es zu machen
the more I try, the worse I seem to make it
Es betrübt mich bis ins Herz, es in seinen kleinen Stürmen der Trauer und Leidenschaft zu sehen
It grieves me to the heart to see it in its little storms of sorrow and passion
Ich wollte es loslassen, aber sie wollte nichts davon hören
I wanted to let it go, but she wouldn't hear of it
Das schien grausam und nicht wie sie
That seemed cruel and not like her
Und doch könnte sie recht haben
and yet she may be right
Es könnte einsamer sein als je zuvor
It might be lonelier than ever
wenn ich keinen anderen finde, wie könnte es dann nicht einsam sein?
if I cannot find another one, how could it not be lonely?

- Fünf Monate spatter -
- Five Months Later -

Es ist kein Känguru
It is not a kangaroo
Mit den Fingern geht sie ein paar Schritte auf den Hinterbeinen
holding her fingers it goes a few steps on its hind legs
und dann fällt es wieder runter
and then it falls down again
Es handelt sich also wahrscheinlich um eine Art Bär
so it is probably some kind of a bear
und doch hat es noch keinen Schwanz
and yet it has no tail, as yet

und er hat kein Fell, außer auf dem Kopf
and it has no fur, except on its head
Es wächst immer noch, was sehr interessant ist
It still keeps on growing, which is very interesting
Bären bekommen ihr Wachstum früher als so
bears get their growth earlier than this
Bären sind seit unserer Katastrophe gefährlich
Bears are dangerous since our catastrophe
Bald muss es einen Maulkorb tragen
soon it will have to have a muzzle on
sonst fühle ich mich in seiner Nähe nicht sicher
otherwise I won't feel safe around it
Ich habe ihr angeboten, ihr ein Känguru zu besorgen, wenn
sie dieses gehen lässt
I have offered to get her a kangaroo if she would let this one
go
Aber sie schätzte mein Angebot nicht
but she did not appreciate my offer
Sie ist entschlossen, uns in allerlei törichte Risiken zu
bringen
she is determined to run us into all sorts of foolish risks
Sie war nicht so, bevor sie den Verstand verlor
she was not like this before she lost her mind

Vierzehn Tage später
A Fortnight Later
Ich untersuchte sein Maul
I examined its mouth
Es besteht noch keine Gefahr; Er hat nur einen Zahn
There is no danger yet; it has only one tooth
Er hat noch keinen Schwanz
It has no tail yet
Es macht jetzt mehr Lärm als je zuvor
It makes more noise now than it ever did before
und es macht den Lärm hauptsächlich nachts
and it makes the noise mainly at night

Ich bin ausgezogen
I have moved out
Aber ich werde am Morgen zum Frühstück hinübergehen
But I shall go over in the mornings to breakfast
dann werde ich sehen, ob es mehr Zähne hat
then I will see if it has more teeth
Wenn es einen Mund voll Zähne bekommt, ist es Zeit, dass es geht
If it gets a mouthful of teeth, it will be time for it to go
Ich werde keine Ausnahme machen, wenn es keinen Schwanz hat
I won't make an exception if it has no tail
Bären brauchen keine Schwänze, um gefährlich zu sein
bears do not need tails in order to be dangerous

Vier Monate später
Four Months Later
Ich bin seit einem Monat auf der Jagd und beim Angeln
I have been off hunting and fishing a month
in der Region, die sie Buffalo nennt
up in the region that she calls Buffalo
Ich weiß nicht, warum sie es Büffel genannt hat
I don't know why she has called it Buffalo
Es könnte daran liegen, dass es dort keine Büffel gibt
it could be because there are not any buffaloes there
Der Bär hat gelernt, ganz alleine herumzupaddeln
the bear has learned to paddle around all by itself
Er kann auf den Hinterbeinen laufen
it can walk on its hind legs
und es sagt "Papa" und "Mama" zu uns
and it says "daddy" and "mummy" to us
Es handelt sich sicherlich um eine neue Art
It is certainly a new species
Diese Ähnlichkeit mit Wörtern kann natürlich rein zufällig sein
This resemblance to words may be purely accidental, of course

Es kann sein, dass seine Worte keinen Zweck oder keine Bedeutung haben

it may be that its words have no purpose or meaning

Aber selbst in diesem Fall wäre es immer noch außergewöhnlich

but even in that case it would still be extraordinary

Worte zu benutzen ist etwas, was kein anderer Bär kann

using words is something which no other bear can do

Diese Nachahmung der Sprache deutet hinreichend darauf hin, dass es sich um eine neue Art von Bären handelt

This imitation of speech sufficiently indicates that this is a new kind of bear

Hinzu kommt das generelle Fehlen von Pelz

add to that the general absence of fur

und bedenke das völlige Fehlen eines Schwanzes

and consider the entire absence of a tail

Weitere Studien darüber werden äußerst interessant sein

further study of it will be exceedingly interesting

In der Zwischenzeit werde ich zu einer weiten Expedition durch die Wälder des Nordens aufbrechen

Meantime I will go off on a far expedition among the forests of the North

dort werde ich eine ausführlichere Suche durchführen

there I will make a more exhaustive search

Irgendwo muss es sicher noch einen geben

There must certainly be another one somewhere

Dieser wird weniger gefährlich sein, wenn er Gesellschaft seiner eigenen Art hat

this one will be less dangerous when it has company of its own species

ich werde geradewegs gehen

I will go straightway

aber ich werde diesem zuerst einen Maulkorb verpassen

but I will muzzle this one first

- Drei Monate spatter -
- Three Months Later –

Es war eine ermüdende, ermüdende Jagd
It has been a weary, weary hunt
doch ich hatte keinen Erfolg
yet I have had no success
während ich weg war, fing sie noch einen!
while I was gone she caught another one!
Und sie verließ nicht einmal das Anwesen
and she didn't even leave the estate
Ich habe noch nie so viel Glück gesehen
I never saw such luck
Ich hätte diese Wälder hundert Jahre lang jagen können, ohne einen zu finden
I might have hunted these woods a hundred years without finding one

Nächster Tag
Next Day
Ich habe den neuen mit dem alten verglichen
I have been comparing the new one with the old one
Es ist völlig klar, dass es sich um dieselbe Rasse handelt
it is perfectly plain that they are the same breed
Ich wollte einen von ihnen für meine Sammlung ausstopfen
I was going to stuff one of them for my collection
aber sie hat aus irgendeinem Grund Vorurteile dagegen
but she is prejudiced against it for some reason
also habe ich die Idee aufgegeben
so I have relinquished the idea
aber ich denke, es ist ein Fehler
but I think it is a mistake
Es wäre ein nicht wiedergutzumachender Verlust für die Wissenschaft, wenn sie entkommen sollten
It would be an irreparable loss to science if they should get away

Der Alte ist zahmer als er war
The old one is tamer than it was
Jetzt kann er lachen und reden wie der Papagei
now it can laugh and talk like the parrot
Ich zweifle nicht daran, dass er das vom Papagei gelernt hat
I have no doubt that it has learned this from the parrot
**Ich berechne, dass es eine große Menge an
Nachahmungsfähigkeit hat**
I calculate it has a great amount of the imitative faculty
**Ich werde mich wundern, wenn es sich als eine neue Art von
Papagei herausstellt**
I shall be astonished if it turns out to be a new kind of parrot
und doch sollte ich mich nicht wundern
and yet I ought not to be astonished
denn es war schon alles andere, was ihm einfiel
because it has already been everything else it could think of
Der neue ist jetzt so hässlich wie der alte am Anfang
The new one is as ugly now as the old one was at first
Es hat den gleichen Schwefel-Teint
it has the same sulphur complexion
und es hat den gleichen einzigartigen Kopf ohne Fell
and it has the same singular head without any fur on it
Sie nennt den Neuen Abel
She calls the new one Abel

- Zehn Jahre spatter -
- Ten Years Later -

**Es sind Jungen; Wir haben es schon vor langer Zeit
herausgefunden**
They are boys; we found it out long ago
**Es war ihr Kommen in dieser kleinen, unreifen Gestalt, die
uns verwirrte**
It was their coming in that small, immature shape that
puzzled us
**Wir waren es nicht gewohnt, dass Tiere so lange so klein
sind**
we were not used to animals being so small for so long
Es gibt jetzt ein paar Mädchen
There are some girls now
Abel ist ein braver Junge
Abel is a good boy
**aber wenn Kain ein Bär geblieben wäre, hätte es ihn
gebessert**
but if Cain had stayed a bear it would have improved him

**Nach all den Jahren wird mir klar, dass ich einen Fehler
gemacht habe**
After all these years I realize I had made a mistake
Ich sehe, dass ich mich anfangs in Bezug auf Eva geirrt habe
I see that I was initially mistaken about Eve
**es ist besser, mit ihr außerhalb des Gartens zu leben, als
ohne sie drinnen**
it is better to live outside the Garden with her than inside it
without her
Zuerst dachte ich, sie redet zu viel
At first I thought she talked too much
**aber jetzt würde es mir leid tun, wenn diese Stimme
verstummt**
but now I should be sorry to have that voice fall silent

Ich möchte nicht, dass diese Stimme aus meinem Leben verschwindet

I wouldn't want that voice to pass out of my life

Gesegnet sei die Kastanie, die uns zusammengeführt hat

Blessed be the chestnut that brought us together

Diese Kastanie hat mich gelehrt, die Güte ihres Herzens zu erkennen

this chestnut has taught me to know the goodness of her heart

Diese Kastanie hat mich die Süße ihres Geistes gelehrt!

this chestnut has taught me the sweetness of her spirit!

- Eve's Diary -

- Evas Tagebuch -

Übersetzt aus dem Original, von Mark Twain

Translated from the Original, by Mark Twain

SAMSTAG – SATURDAY

Ich bin jetzt fast einen ganzen Tag alt

I am almost a whole day old, now

Ich bin gestern angekommen

I arrived yesterday

So scheint es mir

That is as it seems to me

Und so muss es auch sein

And it must be so

Vielleicht gab es einen vorgesternen Tag

perhaps there was a day-before-yesterday

aber ich war nicht da, als es geschah
but I was not there when it happened
wenn ich dort gewesen wäre, würde ich mich daran erinnern
if I had been there I would remember it
Es könnte natürlich sein, dass es passiert ist
It could be, of course, that it did happen
und es könnte sein, dass ich es nicht bemerkt habe
and it could be that I was not noticing
Sehr gut; Ich werde jetzt sehr wachsam sein
Very well; I will be very watchful now
wenn ein vorgesterner Tag passiert, werde ich mir eine
Notiz machen
if a day-before-yesterday happen I will make a note
Es ist am besten, richtig anzufangen
It will be best to start right
Und es ist am besten, den Datensatz nicht verwirren zu
lassen
and it's best not to let the record get confused
Ich denke, dass diese Details wichtig sein werden
I feel these details are going to be important
Mein Instinkt sagt mir das
my instincts are telling me this
Sie könnten eines Tages für Historiker wichtig sein
they might be important to historians some day
Denn ich fühle mich wie ein Experiment
For I feel like an experiment
Ich fühle mich genau wie ein Experiment
I feel exactly like an experiment
ein Mensch kann sich nicht mehr wie ein Experiment fühlen
als ich
a person can't feel more like an experiment than I do
Es wäre unmöglich, sich mehr wie ein Experiment zu fühlen
it would be impossible to feel more like an experiment
und so komme ich zu der Überzeugung, dass es das ist, was
ich bin
and so I am coming to feel convinced that is what I am

Ich bin ein Experiment
I am an experiment
Nur ein Experiment und nicht mehr
just an experiment and nothing more

Wenn ich dann ein Experiment bin, bin ich dann das Ganze?
Then, if I am an experiment, am I the whole of it?
Nein, ich denke, ich bin nicht das ganze Experiment
No, I think I am not the whole experiment
Ich denke, der Rest ist auch Teil des Experiments
I think the rest of it is part of the experiment too
Ich bin der Hauptteil des Experiments
I am the main part of the experiment
aber ich denke, der Rest hat seinen Anteil an der Sache
but I think the rest of it has its share in the matter
Ist meine Position im Experiment gesichert?

Is my position in the experiment assured?
**oder muss ich auf meine Position achten und mich darum
kümmern?**
or do I have to watch my position and take care of it?
Ich denke, es ist vielleicht Letzteres
I think it is the latter, perhaps
Irgendein Instinkt sagt mir, dass ich meine Rolle hüten solle
Some instinct tells me guard my role
Ewige Wachsamkeit ist der Preis der Überlegenheit
eternal vigilance is the price of supremacy
Das ist ein guter Satz, wie ich finde
That is a good phrase, I think
Es ist besonders gut für jemanden, der so jung ist
it is especially good for someone so young

Heute sieht alles besser aus als gestern
Everything looks better today than it did yesterday
**Es hatte einen großen Ansturm gegeben, die Berge
fertigzustellen**
there had been a great rush of finishing up the mountains
**Die Dinge waren also in einem zerlumpten Zustand
zurückgelassen worden**
so things had been left in a ragged condition
und die offenen Ebenen waren so unübersichtlich, dass
and the open plains were so cluttered that
Alle Aspekte und Proportionen waren ziemlich erschütternd
all the aspects and proportions were quite distressing
weil sie noch Müll und Reste hatten
because they still had rubbish and remnants
**Edle und schöne Kunstwerke sollten nicht überstürzt
werden**
Noble and beautiful works of art should not be rushed
**Und diese majestätische neue Welt ist in der Tat ein
Kunstwerk**
and this majestic new world is indeed a work of art
Ich kann sagen, dass es edel und schön gemacht wurde
I can tell it has been made to be noble and beautiful
und es ist sicherlich wunderbar nahe daran, perfekt zu sein
and it is certainly marvellously near to being perfect
trotz der Kürze der Zeit
notwithstanding the shortness of the time
An manchen Stellen gibt es zu viele Sterne
There are too many stars in some places
und es gibt nicht genug Sterne an anderen Orten
and there are not enough stars in other places
Aber das kann sicher noch früh genug behoben werden
but that can be remedied soon enough, no doubt
**Der Mond hat sich letzte Nacht gelöst und ist nach unten
gerutscht**
The moon got loose last night and slid down
es fiel aus dem Schema heraus

it fell out of the scheme
Das war ein sehr großer Verlust
this was a very great loss
Es bricht mir das Herz, daran zu denken
it breaks my heart to think of it
Unter den Ornamenten und Dekorationen ist es einzigartig
among the ornaments and decorations it is unique
Nichts ist vergleichbar mit ihm in Bezug auf Schönheit und Finish
nothing is comparable to it for beauty and finish
Es hätte besser an Ort und Stelle gehalten werden müssen
It should have been held in place better
Ich wünschte, wir könnten es wieder zurückbekommen
I wish we could get it back again

Aber es ist nicht abzusehen, wohin es ging
But there is no telling where it went to
Und außerdem, wer es bekommt, wird es verstecken
And besides, whoever gets it will hide it
Ich weiß es, weil ich es selbst tun würde
I know it because I would do it myself
Ich glaube, dass ich in allen anderen Dingen ehrlich sein kann
I believe I can be honest in all other matters
aber ich fange schon an, etwas zu begreifen;
but I already begin to realize something;
Der Kern meines Wesens ist die Liebe zum Schönen
the core of my nature is love of the beautiful
Ich habe eine Leidenschaft für das Schöne
I have a passion for the beautiful
Es wäre also nicht sicher, mir einen Mond anzuvertrauen
so it would not be safe to trust me with a moon
Ich könnte auf einen Mond verzichten, den ich tagsüber fand
I could give up a moon that I found in the daytime
weil ich Angst hätte, dass jemand hinschaut
because I would be afraid someone was looking
aber wenn ich im Dunkeln einen Mond fände, würde ich ihn behalten
but if I found a moon in the dark I would keep it
Ich bin mir sicher, dass ich eine Ausrede finden könnte
I am sure I could find some kind of an excuse
Ich würde einen Weg finden, nichts darüber zu sagen
I would find a way to not say anything about it
weil ich Monde liebe
because I do love moons
Sie sind so hübsch und so romantisch
they are so pretty and so romantic
Ich wünschte, wir hätten fünf oder sechs davon
I wish we had five or six of them
Ich würde nie ins Bett gehen

I would never go to bed
Ich würde nie müde werden, auf der Moosbank zu liegen
I would never get tired lying on the moss-bank
und ich würde immer zu ihnen aufschauen
and I would always be looking up at them

Sterne sind auch gut
Stars are good, too
Ich wünschte, ich könnte etwas bekommen, um es in meine Haare zu stecken
I wish I could get some to put in my hair
Aber ich glaube, das kann ich nie
But I suppose I can never do that

Es ist erstaunlich, wie weit sie entfernt sind
it's surprising how far away they are
weil sie nicht so aussehen, als wären sie weit weg
because they do not look like they're far away
Sie haben sich gestern Abend zum ersten Mal gezeigt
they first showed themselves last night
Ich habe versucht, einige mit einer Stange niederzuschlagen
I tried to knock some down with a pole
aber es reichte nicht, was mich erstaunte;
but it didn't reach, which astonished me;
dann versuchte ich, sie mit Schollen zu bewerfen
then I tried throwing clods at them
Ich habe das ausprobiert, bis ich ganz müde war
I tried this till I was all tired out
aber ich habe es nie geschafft, einen zu bekommen
but I never managed to get one
Es muss daran liegen, dass ich Linkshänder bin
It must be because I am left-handed
aus diesem Grund kann ich nicht gut werfen
because of this I cannot throw good
obwohl ich einige Nahaufnahmen gemacht habe
though I did make some close shots
Ich sah den schwarzen Fleck der Scholle
I saw the black blot of the clod
Er segelte mitten hinein in die goldenen Trauben
it sailed right into the midst of the golden clusters
Ich muss es vierzig oder fünfzig Mal versucht haben
I must have tried forty or fifty times
und ich habe sie nur knapp verpasst
and I just barely missed them
vielleicht hätte ich noch ein wenig länger durchhalten sollen
perhaps I should have held out a little longer
und dann hätte ich vielleicht einen bekommen
and then I might have got one

Also weinte ich ein wenig, was natürlich war
So I cried a little, which was natural
Ich nehme an, es ist natürlich für jemanden in meinem Alter
I suppose it is natural for one of my age
und nachdem ich ausgeruht war, bekam ich einen Korb
and after I was rested I got a basket
Ich ging zu einem Hügel am äußersten Rand des Kreises
I went to a hill on the extreme rim of the circle
Dort sollten die Sterne näher am Boden sein
there the stars should be closer to the ground
vielleicht, wenn ich dort wäre, könnte ich sie bekommen
perhaps if I was there I could get them
dann konnte ich sie mit meinen Händen erwischen

then I could get them with my hands
Das wäre sowieso besser
this would be better anyway
denn dann könnte ich sie zärtlich sammeln
because then I could gather them tenderly
und ich würde sie nicht zerbrechen
and I would not break them
Aber es war weiter als ich dachte
But it was farther than I thought
und schließlich musste ich es aufgeben
and at last I had to give it up
Ich war so müde von all meinen Anstrengungen
I was so tired from all my trying
Ich konnte meine Füße keinen Schritt mehr schleppen
I couldn't drag my feet another step
und außerdem waren meine Füße wund
and besides, my feet were sore
und meine Füße taten mir sehr weh
and my feet hurt me very much
Ich konnte nicht nach Hause zurückkehren
I couldn't get back home
Es war spät und es wurde kalt
it was late, and turning cold
aber ich habe ein paar Tiger gefunden
but I found some tigers
und ich schmiegte mich unter sie
and I nestled in among them
und es war höchst entzückend bequem
and it was most adorably comfortable
und ihr Atem war süß und lieblich
and their breath was sweet and pleasant
weil sie sich von Erdbeeren ernähren
because they live on a diet of strawberries
Ich hatte noch nie einen Tiger gesehen
I had never seen a tiger before
aber ich erkannte es sofort an ihren Streifen

but I knew straight away by their stripes
Wenn ich nur einen dieser Skins haben könnte
If only I could have one of those skins
Es würde ein schönes Kleid ergeben
it would make a lovely gown

Heute bekomme ich bessere Ideen über Entfernungen
Today I am getting better ideas about distances
Ich war so begierig darauf, alles Schöne zu ergattern
I was so eager to get hold of every pretty thing
Ich war so eifrig, dass ich schwindlig danach griff
I was so eager that I giddily grabbed for it
manchmal griff ich danach, wenn es zu weit weg war

sometimes I grabbed for it when it was too far away

und ich griff danach, als es nur sechs Zoll entfernt war

and I grabbed for it when it was but six inches away

Ich habe sogar danach gegriffen, als es zwischen Dornen war!

I even grabbed for it when it was between thorns!

Ich habe eine Lektion gelernt und ein Axiom aufgestellt

I learned a lesson and I made an axiom

Ich habe alles aus meinem eigenen Kopf gemacht

I made it all out of my own head

Es ist mein allererstes

it is my very first one

DAS ZERKRATZTE EXPERIMENT MEIDET DEN DORN

THE SCRATCHED EXPERIMENT SHUNS THE THORN

Ich denke, es ist ein sehr gutes Axiom für jemanden, der so jung ist

I think it is a very good axiom for one so young

Gestern Nachmittag habe ich das andere Experiment verfolgt
last afternoon I followed the other experiment around
Ich hielt Abstand, um zu sehen, wozu es gut sein könnte
I kept a distance, to see what it might be for
Aber ich konnte seine Verwendung nicht feststellen
But I was not able to establish its use
Ich glaube, es ist ein Mann
I think it is a man
Ich hatte noch nie einen Mann gesehen
I had never seen a man
aber es sah aus wie ein Mann
but it looked like a man
und ich bin mir sicher, dass es das ist, was es ist
and I feel sure that that is what it is
Ich erkannte etwas Seltsames an diesem Mann
I realized something strange about this man
Ich bin neugieriger über ihn als die anderen Reptilien
I feel more curiosity about it than the other reptiles
Ich gehe davon aus, dass es sich um ein Reptil handelt
I'm assuming it is a reptile
weil es zerzaustes Haar und blaue Augen hat
because it has frowzy hair and blue eyes
und es sieht aus wie ein Reptil
and it looks like a reptile
Es hat keine Hüften und verjüngt sich wie eine Karotte, wenn es steht
It has no hips and tapers like a carrot when it stands
es breitet sich auseinander wie ein Bohrturm
it spreads itself apart like a derrick
also denke ich, dass es ein Reptil ist
so I think it is a reptile
Auch wenn es sich um Architektur handeln kann
although it may be architecture

Zuerst hatte ich Angst davor
I was afraid of it at first
und ich fing jedes Mal an zu rennen, wenn es sich umdrehte
and I started to run every time it turned around
weil ich dachte, es würde mich jagen
because I thought it was going to chase me
aber nach und nach stellte ich fest, dass es nur versuchte, wegzukommen
but by and by I found it was only trying to get away
danach war ich nicht mehr ängstlich
so after that I was not timid any more
aber ich folgte ihm etwa zwanzig Meter hinterher
but I tracked behind it by about twenty yards

Ich habe es mehrere Stunden lang verfolgt
I tracked it for several hours
Das machte ihn nervös und unglücklich
this made it nervous and unhappy
Endlich war er sehr besorgt und kletterte auf einen Baum
At last it was a good deal worried, and climbed a tree
Ich wartete eine ganze Weile
I waited a good while
dann gab er es auf und ging nach Hause
then gave it up and went home

SONNTAG – SUNDAY

Heute ist das Gleiche passiert
Today the same thing happened
Ich habe es wieder auf den Baum gebracht
I got it up the tree again
Es ist immer noch da oben
It is still up there
und es ruht sich anscheinend aus
and it is resting, apparently
Aber das ist eine List
But that is a subterfuge
Sonntag ist nicht der Ruhetag
Sunday isn't the day of rest
Dafür ist der Samstag vorgesehen
Saturday is appointed for that
Es sieht für mich aus wie eine seltsame Kreatur
It looks to me like a strange creature
Er ist mehr an der Ruhe interessiert als an irgendetwas anderem
it is more interested in resting than in anything else
Es würde mich ermüden, mich so sehr auszuruhen
It would tire me to rest so much
Es ermüdet mich, nur herumzusitzen und den Baum zu beobachten
It tires me just to sit around and watch the tree
Ich frage mich, wozu es gut ist
I do wonder what it is for
Ich sehe nie, dass es irgendetwas tut
I never see it do anything

Sie haben letzte Nacht den Mond zurückgebracht
They returned the moon last night
und ich war SO glücklich!
and I was SO happy!
Ich denke, es ist sehr ehrlich von ihnen
I think it is very honest of them
Er rutschte nach unten und fiel wieder herunter
It slid down and fell off again
aber ich war nicht betrübt
but I was not distressed
Es besteht kein Grund zur Sorge
there is no need to worry
Wenn man so gute Nachbarn hat, holen sie es zurück

when one has such kind neighbours, they will fetch it back
Ich wünschte, ich könnte etwas tun, um meine
Wertschätzung zu zeigen
I wish I could do something to show my appreciation
Ich würde ihnen gerne ein paar Sterne schicken
I would like to send them some stars
weil wir mehr haben, als wir gebrauchen können
because we have more than we can use
Ich will sagen, ich, nicht wir
I do mean to say I, not we
Ich sehe, dass sich das Reptil nicht um solche Dinge
kümmert
I can see that the reptile cares nothing for such things
Es hat einen schlechten Geschmack und ist nicht freundlich
It has low tastes and it is not kind
Ich war gestern Abend dort
I went there yesterday evening
Am Abend war es heruntergekrochen
in the evening it had crept down
und er versuchte, die kleinen gesprenkelten Fische zu
fangen
and it was trying to catch the little speckled fishes
Die kleinen Fische, die im Pool spielen
the little fishes that play in the pool
und ich musste es klumpen
and I had to clod it
um es wieder auf den Baum zu bringen
in order to make it go up the tree again
und dann ließ es sie allein
and then it left them alone
Ich frage mich, ob es dafür gedacht ist?
I wonder if that is what it is for?
Hat es kein Herz?
Hasn't it any heart?
Hat es nicht Mitleid mit dem kleinen Wesen?
Hasn't it any compassion for the little creature?

Wurde es für solch unsanfte Arbeiten entworfen und hergestellt?
was it designed and manufactured for such ungentle work?
Es sieht aus, als wäre es für dumme Dinge gemacht
It has the look of being made for silly things
Einer der Schollen traf die Rückseite seines Ohrs
One of the clods hit the back of its ear
und es benutzte Sprache, was mir einen Nervenkitzel gab
and it used language, which gave me a thrill
denn es war das erste Mal, daß ich eine Sprache hörte
for it was the first time I had ever heard speech
es war die erste Rede, die ich hörte, außer meiner eigenen
it was the first speech I heard except my own
Ich verstand die Worte nicht
I did not understand the words
aber die Worte schienen ausdrucksvoll zu sein
but the words seemed expressive

Als ich herausfand, dass es sprechen konnte, fühlte ich ein neues Interesse daran
When I found it could talk I felt a new interest in it
weil ich es mehr als alles andere liebe, zu reden
because I love to talk more than anything
Ich rede gerne den ganzen Tag
I like to talk all day
und im Schlaf rede ich auch
and in my sleep I talk too
und ich bin sehr interessant
and I am very interesting
aber wenn ich einen anderen hätte, mit dem ich reden könnte, könnte ich doppelt so interessant sein
but if I had another to talk to I could be twice as interesting
und ich würde nie aufhören zu reden
and I would never stop talking

Wenn dieses Reptil ein Mensch ist, dann ist es doch kein Mensch, oder?

If this reptile is a man, it isn't an it, is it?

Das wäre doch nicht grammatikalisch, oder?

That wouldn't be grammatical, would it?

Ich denke, er wäre es

I think it would be he

In diesem Fall würde man es so analysieren:

In that case one would parse it thus:

Nominativ; er

nominative; he

Dativ; ihn

dative; him

possessiv; seine

possessive; his

Nun, ich werde es für einen Mann halten

Well, I will consider it a man

und ich werde es ihn nennen, bis sich herausstellt, dass es etwas anderes ist

and I will call it he until it turns out to be something else

Das wird praktischer sein, als so viele Unsicherheiten zu haben

This will be handier than having so many uncertainties

NÄCHSTE WOCHE SONNTAG
NEXT WEEK SUNDAY

Die ganze Woche bin ich ihm hinterhergelaufen
All the week I tagged around after him
und ich versuchte, ihn kennen zu lernen
and I tried to get acquainted with him
Ich musste reden, weil er schüchtern war
I had to do the talking because he was shy
aber es machte mir nichts aus, zu reden
but I didn't mind talking
Er schien froh zu sein, mich um sich zu haben
He seemed pleased to have me around
und ich habe das gesellige "wir" viel verwendet
and I used the sociable 'we' a good deal
denn es schien ihm zu schmeicheln, dabei zu sein
because it seemed to flatter him to be included

MITTWOCH - WEDNESDAY

Wir verstehen uns jetzt sehr gut
We are getting along very well now

und wir lernen uns immer besser kennen
and we're getting better and better acquainted

Er versucht nicht mehr, mir aus dem Weg zu gehen, was ein gutes Zeichen ist
He does not try to avoid me any more, which is a good sign

und es zeigt, dass er mich gerne bei sich hat, was mich freut
and it shows that he likes to have me with him, which pleases me

und ich studiere, um ihm nützlich zu sein
and I study to be useful to him

Ich möchte auf jede erdenkliche Weise nützlich sein
I want to be useful in every way I can

um seine Achtung vor mir zu erhöhen
so as to increase his regard of me

In den letzten ein oder zwei Tagen
During the last day or two
Ich habe ihm die ganze Arbeit abgenommen, Dinge zu benennen
I have taken all the work of naming things off his hands
Und das war eine große Erleichterung für ihn
and this has been a great relief to him
denn er hat keine Gabe in diesem Beruf
for he has no gift in that line of work
Und er ist offensichtlich sehr dankbar
and he is evidently very grateful
Ihm fällt kein vernünftiger Name ein, um sich zu retten
He can't think of a rational name to save himself
aber ich lasse ihn nicht sehen, daß ich mir seines Fehlers bewußt bin
but I do not let him see that I am aware of his defect
Wann immer eine neue Kreatur auftaucht, nenne ich sie
Whenever a new creature comes along I name it
bevor er Zeit hat, sich durch ein peinliches Schweigen zu entblößen
before he has time to expose himself by an awkward silence
Auf diese Weise habe ich ihm viele Peinlichkeiten erspart
In this way I have saved him many embarrassments
Ich habe keinen solchen Defekt
I have no defect like this
In dem Moment, in dem ich ein Tier erblicke, weiß ich, was es ist
The minute I set eyes on an animal I know what it is
Ich muss nicht einmal einen Moment nachdenken
I don't have to reflect even for a moment
Der richtige Name kommt sofort heraus
the right name comes out instantly
als wäre es eine Inspiration
just as if it were an inspiration
Ich habe keinen Zweifel daran, dass es so ist
I have no doubt it is

weil ich sicher bin, dass es nicht eine halbe Minute vorher in mir war
because I am sure it wasn't in me half a minute before
Ich scheine es nur an der Gestalt der Kreatur zu wissen
I seem to know just by the shape of the creature
und ich weiß von wie es sich verhält, welches Tier es ist
and I know from the way it acts what animal it is

Als der Dodo kam, dachte er, es sei eine Wildkatze
When the dodo came along he thought it was a wildcat
Ich sah es in seinen Augen
I saw it in his eyes
Aber ich rettete ihn vor der Verlegenheit

But I saved him from embarrassment
Ich achtete darauf, es nicht auf eine Weise zu tun, die seinen Stolz verletzen könnte
I was careful not to do it in a way that could hurt his pride
Ich meldete mich nur zu Wort, als ob ich angenehm überrascht wäre
I just spoke up as if pleasantly surprised
Ich sprach nicht so, als ob ich davon träumte, Informationen zu übermitteln
I didn't speak as if I was dreaming of conveying information
"Nun, ich erkläre, wenn es den Dodo nicht gibt!"
"Well, I do declare, if there isn't the dodo!"
Ich erklärte, ohne zu erklären zu sein
I explained without seeming to be explaining
Ich erklärte, woher ich wusste, dass es ein Dodo war
I explained how I knew it was a dodo
Ich dachte, er wäre vielleicht ein wenig pikiert
I thought maybe he was a little piqued
Ich kannte die Kreatur, als sie es nicht wusste
I knew the creature when he didn't
Aber es war ganz offensichtlich, dass er mich bewunderte
but it was quite evident that he admired me
Das war sehr angenehm
That was very agreeable
und ich dachte mehr als einmal mit Befriedigung daran, bevor ich einschlief
and I thought of it more than once with gratification before I slept
Wie wenig ein Ding uns glücklich machen kann
How little a thing can make us happy
Wir freuen uns, wenn wir das Gefühl haben, dass wir es verdient haben!
we're happy when we feel that we have earned it!

DONNERSTAG - THURSDAY
Mein erster Kummer
my first sorrow
Gestern ist er mir aus dem Weg gegangen
Yesterday he avoided me
und er schien sich zu wünschen, ich würde nicht mit ihm reden
and he seemed to wish I would not talk to him
Ich konnte es nicht glauben
I could not believe it
und ich dachte, es gäbe einen Fehler
and I thought there was some mistake
weil ich es liebte, mit ihm zusammen zu sein

because I loved to be with him
und liebte es, ihn reden zu hören
and loved to hear him talk
Und wie konnte es sein, dass er mir gegenüber unfreundlich sein konnte?
and so how could it be that he could feel unkind toward me?
Ich hatte nichts falsch gemacht
I had not done anything wrong
Aber es schien wahr zu sein, also ging ich weg
But it seemed true, so I went away
und ich saß einsam an der Stelle, wo ich ihn zum ersten Mal gesehen hatte
and I sat lonely in the place where I first saw him
an dem Morgen, an dem wir gemacht wurden
on the morning that we were made
als ich nicht wußte, was er war
when I did not know what he was
als er mir noch gleichgültig war
when I was still indifferent about him
aber jetzt war es ein trauriger Ort
but now it was a mournful place
und jede Kleinigkeit sprach von ihm
and every little thing spoke of him
und mein Herz tat sehr weh
and my heart was very sore
Ich wusste nicht wirklich, warum ich mich so fühlte
I did not really know why I was feeling like this
weil es ein neues Gefühl war
because it was a new feeling
Ich hatte es noch nie erlebt
I had not experienced it before
und es war alles ein Rätsel für mich
and it was all a mystery to me
und ich konnte mir keinen Reim darauf machen
and I could not make sense of it

Aber als die Nacht hereinbrach, konnte ich die Einsamkeit nicht ertragen

But when night came I could not bear the lonesomeness

Ich ging zu dem neuen Unterschlupf, den er gebaut hatte

I went to the new shelter which he had built

Ich ging zu ihm, um ihn zu fragen, was ich falsch gemacht hatte

I went to ask him what I had done that was wrong

und ich wollte wissen, wie ich es reparieren könnte

and I wanted to know how I could mend it
Ich wollte seine Güte zurückbekommen
I wanted to get back his kindness again
aber er hat mich in den Regen gesetzt
but he put me out in the rain
und es war mein erster Kummer
and it was my first sorrow

SONNTAG – SUNDAY
Es ist wieder angenehm und jetzt bin ich glücklich
It is pleasant again and now I am happy
Aber das waren schwere Tage
but those were heavy days
Ich denke nicht an die Tage, an denen ich etwas dagegen tun kann
I do not think of those days when I can help it

Ich habe versucht, ihm ein paar dieser Äpfel zu besorgen
I tried to get him some of those apples
aber ich kann nicht lernen, gerade zu werfen
but I cannot learn to throw straight
Ich bin gescheitert, aber ich glaube, die gute Absicht hat ihm gefallen
I failed, but I think the good intention pleased him
Sie sind verboten
They are forbidden
und er sagt, ich würde zu Schaden kommen, wenn ich einen essen würde
and he says I would come to harm if I ate one
aber dann würde ich Schaden nehmen, wenn ich ihm gefiel
but then I would come to harm through pleasing him
Warum sollte ich mich um diesen Schaden kümmern?
why should I care for that harm?
MONTAG
MONDAY
Heute morgen habe ich ihm meinen Namen genannt
This morning I told him my name
Ich hoffte, dass es ihn interessieren würde
I hoped it would interest him
Aber er kümmerte sich nicht darum, was seltsam ist
But he did not care for it, which is strange
Wenn er mir seinen Namen nennen würde, würde es mich interessieren
If he should tell me his name I would care
Ich denke, es wäre angenehmer in meinen Ohren als jedes andere Geräusch
I think it would be pleasanter in my ears than any other sound

Er redet sehr wenig
He talks very little
Vielleicht liegt es daran, dass er nicht klug ist
Perhaps it is because he is not bright
und vielleicht ist er sensibel in Bezug auf seinen Intellekt
and maybe he is sensitive about his intellect
Es könnte sein, dass er es verbergen möchte
it could be that he wishes to conceal it
Es ist so schade, dass er sich so fühlt
It is such a pity that he should feel this way
denn Intelligenz ist nichts
because intelligence is nothing
Im Herzen liegen die Werte

it is in the heart that the values lie
Ich wünschte, ich könnte es ihm verständlich machen
I wish I could make him understand
Ein liebendes, gutes Herz ist Reichtum
a loving good heart is riches
Intellekt ohne ein gutes Herz ist Armut
intellect without a good heart is poverty
Obwohl er so wenig spricht, hat er einen beachtlichen Wortschatz
Although he talks so little, he has quite a considerable vocabulary
Heute Morgen benutzte er ein überraschend gutes Wort
This morning he used a surprisingly good word
Er erkannte offenbar, dass es eine gute war
He evidently recognized that it was a good one
weil er dafür gesorgt hat, das Wort noch ein paar Mal zu verwenden
because he made sure to use the word a couple more times
Es zeigte, dass er eine gewisse Wahrnehmungsqualität besitzt
it showed that he possesses a certain quality of perception
Ohne Zweifel kann dieser Samen zum Wachsen gebracht werden, wenn er kultiviert wird
Without a doubt that seed can be made to grow, if cultivated
Woher hatte er dieses Wort?
Where did he get that word?
Ich glaube nicht, dass ich dieses Wort jemals benutzt habe
I do not think I have ever used that word
Nein, er interessierte sich nicht für meinen Namen
No, he took no interest in my name
Ich versuchte, meine Enttäuschung zu verbergen
I tried to hide my disappointment
aber ich glaube, es ist mir nicht gelungen
but I suppose I did not succeed

Ich ging fort und setzte mich auf die Moosbank
I went away and sat on the moss-bank
und ich steckte meine Füße ins Wasser
and I put my feet into the water
Es ist der Ort, an den ich gehe, wenn ich nach Gesellschaft hungere
It is where I go when I hunger for companionship
wenn ich möchte, dass sich jemand anschaut
when I want someone to look at
wenn ich jemanden zum Reden habe
when I want someone to talk to
Die schöne weiße Karosserie, die im Pool bemalt ist, reicht nicht aus
the lovely white body painted in the pool is not enough
Aber es ist wenigstens etwas
but it is something, at least
Und etwas ist besser als völlige Einsamkeit

and something is better than utter loneliness
Es spricht, wenn ich spreche
It talks when I talk
es ist traurig, wenn ich traurig bin
it is sad when I am sad
es tröstet mich mit seiner Sympathie
it comforts me with its sympathy
Er sagt: "Sei nicht entmutigt, du armes, freundloses Mädchen"
it says, "Do not be downhearted, you poor friendless girl"
"Ich werde dein Freund sein"
"I will be your friend"
Er ist ein guter Freund für mich
It is a good friend to me
Es ist meine einzige Freundin und meine Schwester
it is my only friend and my sister

Ich werde nie vergessen, als sie mich das erste Mal verlassen hat!
I shall never forget first time she forsook me!
Mein Herz war schwer in meinem Körper!
My heart was heavy in my body!

Ich sagte: "Sie war alles, was ich hatte."
I said, "She was all I had"
»Und jetzt ist sie fort!«
"and now she is gone!"
In meiner Verzweiflung sagte ich: "Zerbriche, mein Herz"
In my despair I said "Break, my heart"
"Ich kann mein Leben nicht mehr ertragen!"
"I cannot bear my life any more!"
und ich verbarg mein Gesicht in meinen Händen
and I hid my face in my hands
und es gab keinen Trost für mich
and there was no solace for me
Und als ich meine Hände von meinem Gesicht wegnahm
And when I took my hands away from my face
Und nach einer Weile war sie wieder da
and after a little, there she was again
weiß und glänzend und schön
white and shining and beautiful
und ich sprang ihr in die Arme
and I sprang into her arms

Das war vollkommenes Glück
That was perfect happiness
Ich hatte Glück schon vorher gekannt, aber so war es nicht
I had known happiness before, but it was not like this
Dieses Glück war Ekstase
this happiness was ecstasy
Ich habe danach nie mehr an ihr gezweifelt
I never doubted her afterwards
Manchmal blieb sie vielleicht eine Stunde weg
Sometimes she stayed away for perhaps an hour
Vielleicht war sie fast den ganzen Tag weg
maybe she was gone almost the whole day
aber ich wartete und zweifelte nicht an ihrer Rückkehr
but I waited and I did not doubt her return
Ich sagte: "Sie ist beschäftigt" oder "Sie ist auf eine Reise gegangen"
I said, "She is busy" or "she is gone on a journey"
aber ich weiß, dass sie zurückkommen wird, und das tat sie immer
but I know she will come back, and she always did
Nachts kam sie nicht, wenn es dunkel war
At night she would not come if it was dark
weil sie ein schüchternes kleines Ding war
because she was a timid little thing
aber wenn es einen Mond gäbe, würde sie kommen
but if there was a moon she would come
Ich habe keine Angst vor der Dunkelheit
I am not afraid of the dark
aber sie ist jünger als ich
but she is younger than I am
sie wurde geboren, nachdem ich
she was born after I was
Viele, viele Besuche habe ich ihr abgestattet
Many and many are the visits I have paid her
Sie ist mein Trost und meine Zuflucht, wenn mein Leben hart ist

she is my comfort and refuge when my life is hard
und mein Leben besteht hauptsächlich aus harten
Momenten
and my life is mainly made from hard moments

DIENSTAG - TUESDAY
Den ganzen Vormittag war ich damit beschäftigt, das
Anwesen zu verbessern
All the morning I was at work improving the estate
und ich hielt mich absichtlich von ihm fern
and I purposely kept away from him
in der Hoffnung, dass er einsam werden und kommen
würde
in the hope that he would get lonely and come
Aber er kam nicht zu mir
But he did not come to me
Mittags hielt ich für den Tag an
At noon I stopped for the day
und ich nahm mir meine Erholung
and I took my recreation
Ich flitzte mit den Bienen und den Schmetterlingen umher
I flitted about with the bees and the butterflies
und ich schwelgte in den Blumen
and I revelled in the flowers
diese schönen, glücklichen kleinen Kreaturen
those beautiful happy little creatures
sie fangen das Lächeln Gottes vom Himmel
they catch the smile of God out of the sky
und sie bewahren das Lächeln!
and they preserve the smile!
Ich sammelte sie und machte sie zu Kränzen
I gathered them and made them into wreaths
und ich kleidete mich in Blumen
and I clothed myself in flowers
Ich aß mein Mittagessen; Äpfel
I ate my luncheon; apples

Natürlich; dann saß ich im Schatten
of course; then I sat in the shade
und ich wünschte und wartete
and I wished and waited
Aber er kam nicht
But he did not come

Aber es ist kein Verlust
But it is of no loss
Daraus wäre nichts geworden
Nothing would have come of it
weil er sich nicht um Blumen kümmert
because he does not care for flowers
Er nannte sie Müll
He called them rubbish
und er kann das eine nicht vom anderen unterscheiden
and he cannot tell one from another

Und er denkt, dass es besser ist, sich so zu fühlen
and he thinks it is superior to feel like that
Er kümmert sich nicht um mich, Blumen
He does not care for me, flowers
Er kümmert sich auch nicht um den gemalten Himmel am Abend
nor does he care for the painted sky in the evening
Gibt es irgendetwas, das ihm wichtig ist?
is there anything he does care for?
Er kümmert sich um nichts, außer Hütten zu bauen
he cares for nothing except building shacks
Er baut sie, um sich selbst einzusperren
he builds them to coop himself up
aber er ist weg von dem guten, sauberen Regen
but he's away from the good clean rain
und er probiert die Früchte nicht
and he does not sample the fruits

Ich legte einen trockenen Stock auf den Boden
I laid a dry stick on the ground
und ich versuchte, mit einem anderen ein Loch hinein zu bohren
and I tried to bore a hole in it with another one
um einen Plan auszuführen, den ich
in order to carry out a scheme that I had
und bald bekam ich einen schrecklichen Schrecken
and soon I got an awful fright
Ein dünner, durchsichtiger bläulicher Film stieg aus dem Loch auf
A thin, transparent bluish film rose out of the hole
und ich ließ alles stehen und liegen und rannte
and I dropped everything and ran
Ich dachte, es sei ein Geist
I thought it was a spirit
und ich war so erschrocken!
and I was so frightened!
Aber ich schaute zurück und es kam nicht;
But I looked back and it was not coming;
also lehnte ich mich an einen Felsen
so I leaned against a rock
und ich ruhte mich aus und keuchte
and I rested and panted
und ich ließ meine Glieder zittern
and I let my limbs go on trembling
Endlich waren sie wieder stabil
finally they were steady again
dann schlich ich vorsichtig zurück
then I crept warily back
Ich war wachsam, beobachtend und bereit zu fliegen
I was alert, watching, and ready to fly
Ich würde rennen, wenn es die Gelegenheit gäbe
I would run if there was occasion
als ich in der Nähe war, teilte ich die Zweige eines Rosenstrauches

when I was near I parted the branches of a rose-bush
und ich spähte durch den Rosenstrauch
and I peeped through the rose-bush
und ich wünschte, der Mann wäre dabei
and I wished the man was about
Ich sah so schlau und hübsch aus
I was looking so cunning and pretty
aber der Geist war verschwunden
but the spirit was gone
Ich ging dorthin, wo der Geist war
I went where the spirit was
In dem Loch befand sich eine Prise zartrosafarbener Staub
there was a pinch of delicate pink dust in the hole
Ich stecke meinen Finger hinein, um es zu fühlen
I put my finger in to feel it
und ich sagte "Autsch!"
and I said "ouch!"
und ich nahm es wieder heraus
and I took it out again
Es war ein grausamer Schmerz
It was a cruel pain
Ich stecke meinen Finger in den Mund
I put my finger in my mouth
Ich stand auf einem Bein und dann auf dem anderen und grunzte
I stood on one foot and then the other, grunting
Bald linderte ich mein Elend
I presently eased my misery
dann war ich voller Interesse und begann zu untersuchen
then I was full of interest and I began to examine

Ich war neugierig zu wissen, was der rosa Staub war
I was curious to know what the pink dust was
Plötzlich fiel mir der Name ein
Suddenly the name of it occurred to me
Ich hatte noch nie davon gehört
I had never heard of it before
aber ich wusste, dass es FEUER war!
but I knew it was FIRE!
Ich war mir dessen so sicher
I was as certain of it
so sicher, wie ein Mensch von allem auf der Welt sein kann
as certain as a person could be of anything in the world
Also nannte ich es ohne zu zögern so – Feuer
So without hesitation I named it that — fire

Ich hatte etwas geschaffen, das es vorher nicht gab
I had created something that didn't exist before
Ich hatte der Welt etwas Neues hinzugefügt
I had added a new thing to the world
Diese Welt voller unzähliger Phänomene
this world full of uncountable phenomena
Das wurde mir klar und ich war stolz auf meine Leistung
I realized this and I was proud of my achievement
und wollte rennen und ihn finden
and was going to run and find him
Ich wollte ihm davon erzählen
I wanted tell him about it
Ich dachte, es könnte mich in seiner Wertschätzung erhöhen

I thought it might raise myself in his esteem
aber ich dachte darüber nach
but I reflected on it
und ich habe es nicht getan
and I did not do it
Nein, das würde ihm egal sein
No, he would not care for it
Er fragte, wozu es gut sei
He would ask what it was good for
und was könnte ich antworten?
and what could I answer?
Es war nicht gut für irgendetwas, es war einfach nur schön
it was not good for something, it was merely beautiful

Da seufzte ich und ging nicht
So I sighed, and I did not go
Weil es für nichts gut war
Because it wasn't good for anything
Er konnte keine Hütte bauen
it could not build a shack
es konnte Melone nicht verbessern
it could not improve melon
es konnte eine Obsternte nicht beschleunigen
it could not hurry a fruit crop
es war nutzlose und törichte Eitelkeit
it was useless and foolish vanity
Er würde es verachten und schneidende Worte sagen
he would despise it and say cutting words
Aber für mich war es nicht verabscheuungswürdig
But to me it was not despicable
Ich sagte: "Oh, du Feuer, ich liebe dich."
I said, "Oh, you fire, I love you"
"Du zierliche rosa Kreatur, du bist SCHÖN"
"you dainty pink creature, you are BEAUTIFUL"
"Und schön zu sein ist genug!"
"and being beautiful is enough!"
und ich wollte es an meine Brust ziehen, aber ich unterließ es
and I was going to gather it to my breast, but refrained
Dann fiel mir eine andere Maxime ein
Then I thought of another maxim
Es war dem ersten sehr ähnlich
it was very similar to the first one
Ich befürchtete, dass es sich um ein Plagiat handelte
I was afraid it was a plagiarism
"DAS VERBRANNTE EXPERIMENT MEIDET DAS FEUER"
"THE BURNT EXPERIMENT SHUNS THE FIRE"
Ich wiederholte mein Experiment
I repeated my experiment
Ich hatte eine Menge Feuerstaub gemacht

I had made a good deal of fire-dust
und ich leerte es in eine Handvoll trockenes braunes Gras
and I emptied it into a handful of dry brown grass
Ich hatte vor, es nach Hause zu tragen
I was intending to carry it home
und ich wollte es behalten und damit spielen
and I wanted to keep it and play with it
aber der Wind schlug ihn und er sprühte auf
but the wind struck it and it sprayed up
und es spuckte mich heftig an
and it spat out at me fiercely
und ich ließ es fallen und rannte
and I dropped it and ran
Als ich zurückblickte, ragte der blaue Geist empor
When I looked back the blue spirit was towering up
und es dehnte sich aus und rollte davon wie eine Wolke
and it was stretching and rolling away like a cloud
und augenblicklich fiel mir der Name ein – RAUCH!
and instantly I thought of the name of it — SMOKE!
und auf mein Wort, ich hatte noch nie von Rauch gehört
and upon my word, I had never heard of smoke before

Bald schossen leuchtend gelbe und rote Fackeln in die Höhe
Soon brilliant yellow and red flares shot up
sie schossen durch den Rauch in die Höhe
they shot up through the smoke
und ich nannte sie augenblicklich – FLAMEN
and I named them in an instant — FLAMES
und hatte auch damit recht
and was right about this too
Und das, obwohl es die allerersten Flammen waren, die es je gegeben hatte
even though these were the very first flames there had ever been
Sie kletterten auf die Bäume und blitzten prächtig auf
They climbed the trees and they flashed splendidly
Es gab eine zunehmende Menge an taumelndem Rauch
there was increasing volume of tumbling smoke
und die Flammen tanzten in den Rauch hinein und aus ihm heraus
and the flames danced in and out of the smoke
und ich musste in die Hände klatschen und lachen und tanzen
and I had to clap my hands and laugh and dance
Es war so neu und seltsam
it was so new and strange
Und es war so wunderbar und schön!
and it was so wonderful and beautiful!

Er kam angerannt, blieb stehen und starrte
He came running, and he stopped and gazed
Er sagte viele Minuten lang kein Wort
he said not a word for many minutes
Dann fragte er, was es sei
Then he asked what it was
Es ist eine Schande, dass er eine so direkte Frage gestellt hat
it a shame he asked such a direct question
Ich musste sie natürlich beantworten, und das tat ich auch
I had to answer it, of course, and I did
wenn es ihn ärgerte, was konnte ich tun?
if it annoyed him, what could I do?
es ist nicht meine Schuld, dass ich wusste, was es war

it's not my fault that I knew what it was
Ich sagte, es sei Feuer
I said it was fire
Ich hatte keine Lust, ihn zu ärgern
I had no desire to annoy him
Nach einer Pause fragte er: "Wie kam es dazu?"
After a pause he asked: "How did it come?"
Auch auf diese Frage musste es eine direkte Antwort geben
this question also had to have a direct answer
"Ich habe es geschafft", antwortete ich
"I made it" I answered
Das Feuer breitete sich immer weiter aus
The fire was travelling farther and farther away
Er ging an den Rand der verbrannten Stätte
He went to the edge of the burned place
und er stand da und schaute auf sie hinab
and he stood looking down at it
und er sprach: "Was sind diese?"
and he said: "What are these?"
Ich sagte ihm, es seien Feuerkohlen
I told him they were fire-coals
Er hob einen auf, um ihn zu untersuchen
He picked up one to examine it
Aber er änderte seine Meinung und legte es wieder nieder
but he changed his mind and put it down again
Dann ging er fort
Then he went away
NICHTS interessiert ihn
NOTHING interests him

Aber ich war interessiert
But I was interested
Da war Asche, grau und weich und zart und hübsch
There were ashes, gray and soft and delicate and pretty
Ich wusste sofort, was sie waren
I knew what they were straight away
Und die Glut; Ich kannte auch die Glut
And the embers; I knew the embers, too
Ich fand meine Äpfel und harkte sie heraus
I found my apples and I raked them out
und ich war froh, weil ich sehr jung bin
and I was glad because I am very young
Mein Appetit ist also immer noch sehr aktiv

so my appetite is still very active
Aber ich war enttäuscht von dem Experiment
But I was disappointed by the experiment
weil alle Äpfel aufgeplatzt und verdorben waren
because all the apples were burst open and spoiled
zumindest dachte ich, sie seien verwöhnt
at least, I thought they were spoiled
aber sie waren nicht wirklich verwöhnt
but they were not actually spoiled
Sie waren besser als rohe
they were better than raw ones
Feuer ist schön und eines Tages wird es nützlich sein, denke ich
Fire is beautiful and some day it will be useful, I think

FREITAG - FRIDAY

Ich sah ihn wieder, für einen Augenblick

I saw him again, for a moment

letzten Montag bei Einbruch der Dunkelheit, aber nur für einen Augenblick

last Monday at nightfall, but only for a moment

Ich hatte gehofft, dass er mich dafür loben würde, dass ich versucht hatte, das Anwesen zu verbessern

I was hoping he would praise me for trying to improve the estate

weil ich es gut gemeint und hart gearbeitet hatte

because I had meant well and had worked hard

Aber er war nicht erfreut und wandte sich ab und verließ mich

But he was not pleased and he turned away and left me

Er war auch aus einem anderen Grund verärgert

He was also displeased on another account

Ich versuchte, ihn zu überreden, nicht mehr über die Wasserfälle zu gehen

I tried to persuade him to stop going over the water falls

Das Feuer hatte mir ein neues Gefühl offenbart

the fire had revealed to me a new feeling

Dieses Gefühl war ganz neu

this feeling was quite new

Es fühlte sich deutlich anders an als Liebe oder Trauer

it felt distinctly different from love or grief

und es war anders als die anderen Leidenschaften, die ich entdeckt hatte

and it was different from the other passions I had discovered

dieses neue Gefühl war ANGST und es ist schrecklich!

this new feeling was FEAR and it is horrible!

Ich wünschte, ich hätte es nie entdeckt

I wish I had never discovered it

Es schenkt mir dunkle Momente und verdirbt mir mein Glück

it gives me dark moments and spoils my happiness

es lässt mich zittern und zittern und schaudern
it makes me shiver and tremble and shudder
Aber ich konnte ihn nicht überreden
But I could not persuade him
Er hat die Angst noch nicht entdeckt
he has not discovered fear yet
Er konnte mich also nicht verstehen
so he could not understand me

Vielleicht sollte ich mich daran erinnern, dass sie noch sehr jung ist
Perhaps I ought to remember that she is very young
Sie ist immer noch nur ein Mädchen
she is still but a mere girl
und ich sollte Rücksicht nehmen
and I should make allowances
Sie ist ganz Interesse, Eifer, Lebhaftigkeit
She is all interest, eagerness, vivacity

Sie findet die Welt unendlich charmant
she finds the world endlessly charming
ein Wunder, ein Mysterium, eine Freude
a wonder, a mystery, a joy
Sie kann vor Freude nicht sprechen, wenn sie eine neue
Blume findet
she can't speak for delight when she finds a new flower
Sie muss ihn streicheln und streicheln
she must pet it and caress it
und sie muss es riechen und mit ihm sprechen
and she has to smell it and talk to it
und sie gießt liebenswerte Namen darüber aus
and she pours out endearing names upon it
Und sie ist farbenverrückt; braune Felsen, gelber Sand
And she is color-mad; brown rocks, yellow sand
graues Moos, grünes Laub, blauer Himmel, die Perle der
Morgenröte
gray moss, green foliage, blue sky, the pearl of the dawn
Die violetten Schatten auf den Bergen
the purple shadows on the mountains
Die goldenen Inseln, die bei Sonnenuntergang im
purpurroten Meer schwimmen
the golden islands floating in crimson seas at sunset
der bleiche Mond, der durch das zerfetzte Wolkengestell
segelt
the pallid moon sailing through the shredded cloud-rack
die Sternenjuwelen, die in der Ödnis des Weltraums
glitzern
the star-jewels glittering in the wastes of space
Keiner dieser Namen hat irgendeinen praktischen Wert
none of these names are of any practical value
Soweit ich sehen kann, haben sie keinen Wert
there's no value in them as far as I can see
aber sie haben Farbe und Majestät
but they have color and majesty
Und das genügt ihr

and that is enough for her
und sie verliert den Verstand über sie
and she loses her mind over them
Wenn sie sich nur ein wenig beruhigen könnte
If only she could quiet down a little
Ich wünschte, sie würde ein paar Minuten am Stück still halten
I wish she kept still a couple minutes at a time
Es wäre ein ruhiges Spektakel
it would be a reposeful spectacle
In diesem Fall denke ich, dass ich es genießen könnte, sie anzusehen
In that case I think I could enjoy looking at her
ja, ich bin sicher, dass ich ihre Gesellschaft genießen könnte
indeed, I am sure I could enjoy her company
Mir wird klar, dass sie ein ganz bemerkenswertes Geschöpf ist
I am coming to realize that she is a quite remarkable creature
geschmeidig, schlank, zierlich, abgerundet
lithe, slender, trim, rounded
wohlgeformt, flink, anmutig
shapely, nimble, graceful
und einmal stand sie so weiß wie Marmor da
and once she was standing as white as marble
Sie saß auf einem Felsbrocken und war von der Sonne durchnässt
she was on a boulder, and drenched in the sun
Sie stand da, den jungen Kopf nach hinten geneigt
she stood with her young head tilted back
und ihre Hand beschattete ihre Augen
and her hand was shading her eyes
Sie beobachtete den Flug eines Vogels am Himmel
she was watching the flight of a bird in the sky
Ich erkannte, dass sie wunderschön war
I recognized that she was beautiful

MONTAG MITTAG - MONDAY NOON
Gibt es irgendetwas, das sie nicht interessiert?
Is there anything that she is not interested in?
Wenn es etwas gibt, ist es nicht in meiner Liste
if there is something, it is not in my list
Es gibt Tiere, die mir gleichgültig sind
There are animals that I am indifferent to
aber bei ihr ist es nicht so
but it is not so with her
Sie kennt keine Diskriminierung
She has no discrimination
Sie liebt alle Tiere
she takes to all the animals
Sie hält sie für Schätze
she thinks they are all treasures
Jedes neue Tier ist willkommen
every new animal is welcome

Nehmen wir den mächtigen Brontosaurus als Beispiel
take the mighty brontosaurus as an example
Sie betrachtete es als eine Akquisition
she regarded it as an acquisition
Ich hielt es für eine Katastrophe
I considered it a calamity
Das ist ein gutes Beispiel für den Mangel an Harmonie
that is a good sample of the lack of harmony
ein Mangel an Harmonie zwischen unseren Ansichten der Dinge
a lack of harmony between our views of things
Sie wollte es domestizieren
She wanted to domesticate it
Ich wollte ihm das Haus geben und ausziehen

I wanted to give it the house and move out
Sie glaubte, es könne durch freundliche Behandlung gezähmt werden
She believed it could be tamed by kind treatment
und sie dachte, es wäre ein gutes Haustier
and she thought it would be a good pet
Ich versuchte, sie vom Gegenteil zu überzeugen
I tried to convince her otherwise
Ein Haustier, das einundzwanzig Fuß hoch ist, ist keine Sache, die man zu Hause haben sollte
a pet twenty-one feet high is no thing to have at home
Selbst mit den besten Absichten konnte er sich auf das Haus setzen
even with the best intentions it could sit down on the house
Es müsste keinen Schaden bedeuten
it wouldn't have to mean any harm
aber es könnte das Haus immer noch ganz leicht zerdrücken
but it could still mash the house quite easily
denn jeder konnte sehen, daß es zerstreut war
for anyone could see that it was absent-minded
weil es eine Leere hinter seinen Augen hatte
because it had an emptiness behind its eyes
Trotzdem war ihr Herz darauf gerichtet, dieses Monster zu haben
Still, her heart was set upon having that monster
und sie konnte es nicht aufgeben
and she couldn't give it up
Sie dachte, wir könnten damit eine Molkerei gründen
She thought we could start a dairy with it
und sie wollte, dass ich beim Melken helfe
and she wanted me to help milk it
aber ich würde es nicht melken
but I wouldn't milk it
Es war zu riskant
it was too risky
Das Geschlecht war auch nicht das Richtige zum Melken

The sex wasn't right for milking either
und wir hatten sowieso keine Leiter
and we didn't have a ladder anyway
Dann wollte sie damit fahren
Then she wanted to ride it
Sie dachte, sie würde einen besseren Blick auf die Landschaft haben
she thought she would get a better view of the scenery
Dreißig oder vierzig Fuß seines Schwanzes lagen auf dem Boden
Thirty or forty feet of its tail was lying on the ground
Er hatte die Größe eines umgestürzten Baumes
it had all the size of a fallen tree
und sie dachte, sie könne ihn erklimmen
and she thought she could climb it
Aber sie hatte sich geirrt
but she was mistaken
Als sie an der steilen Stelle ankam, war es zu glatt
when she got to the steep place it was too slick
und sie kam wieder hinuntergerutscht
and she came sliding back down
Sie hätte sich verletzt, wenn ich nicht gewesen wäre
she would have hurt herself if it wasn't for me

War sie jetzt zufrieden? Nein
Was she satisfied now? No
Nichts befriedigt sie jemals als Demonstration
Nothing ever satisfies her but demonstration
Theorien ließ sie nicht lange ungeprüft
she didn't keep theories untested for long
Es ist der richtige Geist, das gebe ich zu
It is the right spirit, I concede
Das ist es, was mich zu ihr hinzieht
it is what attracts me to her
Ich spüre den Einfluss davon
I feel the influence of it
wenn ich mehr mit ihr zusammen wäre, glaube ich, dass ich abenteuerlustiger werden würde

if I were with her more I think I would become more
adventurous
Nun, sie hatte noch eine Theorie über diesen Koloss
Well, she had one theory remaining about this colossus
**Sie dachte, wenn wir ihn zähmen könnten, könnten wir im
Fluss stehen**
she thought that if we could tame it we could stand in the
river
**Wenn wir ihn zu unserem Freund machten, könnten wir ihn
als Brücke benutzen**
if we made him our friend we could use him as a bridge
Es stellte sich heraus, dass er bereits zahm genug war
It turned out that he was already plenty tame enough
Er war zahm genug, was sie betraf
he was tame enough as far as she was concerned
Also versuchte sie es mit ihrer Theorie, aber sie scheiterte
so she tried her theory, but it failed
Sie hat ihn richtig in den Fluss gelegt
she got him properly placed in the river
und sie ging an Land, um über ihn hinwegzufahren
and she went ashore to cross over him
aber er kam heraus und folgte ihr
but he came out and followed her around
wie ein Haustierberg
like a pet mountain
Wie die anderen Tiere
Like the other animals
Das tun sie alle
They all do that

- Evas Tagebuch -
- Eve's Diary –

Dienstag, Mittwoch, Donnerstag und heute:
Tuesday, Wednesday, Thursday, and today:
Ich habe ihn an keinem dieser Tage gesehen
I didn't see him any of these days
Es ist eine lange Zeit, allein zu sein
It is a long time to be alone
Trotzdem ist es besser, allein zu sein, als unwillkommen zu sein
still, it is better to be alone than unwelcome
FREITAG - FRIDAY
Ich MUSSTE Gesellschaft haben
I HAD to have company
Ich bin dafür gemacht, Gesellschaft zu haben, denke ich
I was made for having company, I think
also freundete ich mich mit den Tieren an
so I made friends with the animals
Sie sind einfach so charmant
They are just so charming
und sie haben das freundlichste Gemüt
and they have the kindest disposition
und sie haben die höflichsten Wege
and they have the politest ways
Sie sehen nie sauer aus oder lassen Sie das Gefühl haben, dass Sie sich einmischen
they never look sour or let you feel that you are intruding
Sie lächeln dich an und wedeln mit dem Schwanz
they smile at you and wag their tail
Zumindest wedeln sie mit ihrer Geschichte, wenn sie eine haben
at least, they wag their tale if they've got one
und sie sind immer bereit für ein Toben oder einen Ausflug
and they are always ready for a romp or an excursion
Sie sind bereit für alles, was Sie vorschlagen möchten
they're ready for anything you want to propose

Ich denke, sie sind perfekte Gentlemen
I think they are perfect gentlemen
All die Tage hatten wir so eine gute Zeit
All these days we have had such good times
und es war nie einsam für mich
and it hasn't been lonesome for me, ever

Einsam! Nein, ich würde sagen, nicht
Lonesome! No, I should say not
Es ist immer ein Schwarm von ihnen in der Nähe
there's always a swarm of them around
manchmal bis zu vier oder fünf Hektar
sometimes as much as four or five acres
Wenn du auf einem Felsen stehst, kannst du sie meilenweit sehen
when you stand on a rock you can see them for miles
Sie sind gesprenkelt und bespritzt und bunt vor Farbe

they are mottled and splashed and gay with color
und es gibt einen flüchtigen Glanz und Sonnenblitz
and there's a frisking sheen and sun-flash
und die Landschaft ist so von Streifen durchzogen
and the landscape is so rippled with stripes
Man könnte meinen, es sei ein See
you might think it was a lake
aber du weißt, dass es überhaupt kein See ist
but you know it isn't a lake at all
und es gibt Stürme von geselligen Vögeln
and there are storms of sociable birds
und es gibt Wirbelstürme mit surrenden Flügeln
and there are hurricanes of whirring wings
und die Sonne schlägt all diese federleichte Aufregung
and the sun strikes all that feathery commotion
Sie können ein Aufflammen aller Farben sehen, die Sie sich vorstellen können
you can see a blazing up of all the colors you can think of
Genug Farben, um die Augen auszustechen
enough colours to put your eyes out

Wir haben lange Ausflüge gemacht
We have made long excursions
und ich habe viel von der Welt gesehen
and I have seen a great deal of the world
Ich glaube, ich habe fast alles gesehen
I think I've seen almost all of it
Ich muss der erste Reisende sein
I must be first traveler
und ich bin der einzige Reisende
and I am the only traveller
Wenn wir auf dem Marsch sind, ist es ein imposanter Anblick
When we are on the march, it is an imposing sight
Es gibt nirgendwo etwas Vergleichbares
there's nothing like it anywhere
Der Bequemlichkeit halber reite ich einen Tiger oder einen Leoparden
For comfort I ride a tiger or a leopard
weil sie weich sind und runde Rücken haben, die mir passen
because they are soft and have round backs that fit me
und weil sie so hübsche Tiere sind
and because they are such pretty animals
aber für lange Strecken oder für die Landschaft reite ich auf dem Elefanten
but for long distance, or for scenery, I ride the elephant
Er hebt mich mit seinem Rüssel hoch
He hoists me up with his trunk
aber ich kann mich selbst befreien
but I can get off myself
Als wir bereit sind zu zelten, setzt er sich hin
when we are ready to camp he sits
und ich rutsche von seinem Rücken herunter
and I slide down off his back

Die Vögel und Tiere sind alle freundlich zueinander
The birds and animals are all friendly to each other
und es gibt keine Streitigkeiten über irgendetwas
and there are no disputes about anything
Sie reden alle miteinander und mit mir
They all talk with each other and to me
aber es muss eine Fremdsprache sein
but it must be a foreign language
weil ich kein Wort verstehe, das sie sagen
because I cannot make out a word they say
aber sie verstehen mich oft, wenn ich antworte
yet they often understand me when I talk back
Der Hund und der Elefant verstehen mich besonders gut
the dog and the elephant understand me particularly well

Ich schäme mich
It makes me ashamed
Es zeigt, dass sie intelligenter sind als ich
It shows that they are more intelligent than I am
aber ich will das Hauptexperiment sein
but I want to be the main experiment
und ich beabsichtige, das Hauptexperiment zu sein
and I intend to be the main experiment
Ich habe eine Reihe von Dingen gelernt
I have learned a number of things
und ich bin jetzt gebildet
and I am educated, now
aber ich war anfangs nicht gebildet
but I wasn't educated at first
Zuerst war ich unwissend
I was ignorant at first
Zuerst hat es mich geärgert
At first it used to vex me
weil ich nie schlau genug war
because I was never smart enough
Ich war nicht schlau genug, obwohl ich so viel beobachtete
I wasn't smart enough despite how much I observed
Ich war nie da, wenn das Wasser bergauf lief
I was never around when the water was running uphill
aber jetzt macht es mir nichts aus
but now I do not mind it
Ich habe experimentiert und experimentiert
I have experimented and experimented
Ich weiß, dass es nie bergauf geht, außer im Dunkeln
I know it never runs uphill, except in the dark
Ich weiß, dass es bergauf geht, wenn es dunkel ist
I know it does run uphill when it is dark
weil der Pool nie austrocknet
because the pool never goes dry
Es würde austrocknen, wenn das Wasser in der Nacht nicht zurückkäme

it would dry up if the water didn't come back in the night

**Es ist am besten, die Dinge durch tatsächliche Experimente
zu beweisen**

It is best to prove things by actual experiment

wenn du ein Experiment machst, dann WEISST du

if you do an experiment then you KNOW

**Wenn Sie sich hingegen auf Vermutungen verlassen,
werden Sie nie gebildet**

whereas if you depend on guessing you never get educated

Nachdenken reicht auch nicht aus
thinking about things is not enough either
Einige Dinge, die Sie nicht herausfinden können
Some things you CAN'T find out
**aber Sie werden nie wissen, dass Sie es nicht können, indem
Sie raten und annehmen:**
but you will never know you can't by guessing and supposing:
Nein, man muss geduldig sein und weiter experimentieren
no, you have to be patient and go on experimenting
bis du herausfindest, dass du es nicht herausfinden kannst
until you find out that you can't find out
Und es ist schön, dass es so ist
And it is delightful to have it that way
Es macht die Welt so interessant
it makes the world so interesting
Wenn es nichts zu entdecken gäbe, wäre es langweilig
If there wasn't anything to find out, it would be dull
**Auch wenn man es nicht herausfindet, ist es genauso
interessant**
Even not finding out is just as interesting
**Manchmal ist es genauso interessant, es nicht
herauszufinden, wie es herauszufinden**
sometimes not finding out is as interesting as finding out
**Das Geheimnis des Wassers war ein Schatz, bis ich es
bekam**
The secret of the water was a treasure until I got it
Dann verschwand die Aufregung
then the excitement all went away
und ich erkannte ein Gefühl des Verlustes
and I recognized a sense of loss

Durch Experimente weiß ich, dass Holz schwimmt
By experiment I know that wood swims
Trockene Blätter, Federn und andere Dinge schwimmen ebenfalls
dry leaves, feathers, and other things float too
damit du weißt, dass ein Stein schwimmen kann
so you can know that a rock can swim
weil Sie kumulative Beweise gesammelt haben
because you've collected cumulative evidence
Aber man muss sich damit abfinden, es einfach zu wissen
but you have to put up with simply knowing it
weil es keine Möglichkeit gibt, es zu beweisen
because there isn't any way to prove it
Zumindest bis jetzt gibt es keine Möglichkeit, es zu beweisen

at least up until now there's no way to prove it
Aber ich werde einen Weg finden
But I shall find a way
Dann wird diese Aufregung verschwinden
then that excitement will go
Solche Dinge machen mich traurig
Such things make me sad
nach und nach werde ich alles kennenlernen
by and by I will come to know everything
und dann gibt es keine Aufregung mehr
and then there won't be any more excitement
und ich liebe Aufregung so sehr!
and I do love excitements so much!
Neulich konnte ich nicht schlafen
The other night I couldn't sleep
Ich habe so viel darüber nachgedacht
I was thinking so much about it

Zuerst konnte ich nicht feststellen, wofür ich gemacht war
At first I couldn't establish what I was made for
aber jetzt glaube ich, dass ich weiß, wofür ich gemacht bin
but now I think I know what I was made for
Ich wurde dazu gebracht, die Geheimnisse dieser wunderbaren Welt zu erforschen
I was made to search out the secrets of this wonderful world
und ich bin dazu gemacht, glücklich zu sein
and I am made to be happy
Ich denke, der Geber von allem, weil er es sich ausgedacht hat
I think the Giver of it all for devising it
Ich denke, es gibt noch viel zu lernen
I think there are still many things to learn
und ich hoffe, dass es immer mehr zu lernen gibt
and I hope there will always be more to learn
wenn ich mich nicht zu schnell beeilen werde, denke ich, dass sie Wochen und Wochen dauern werden
by not hurrying too fast I think they will last weeks and weeks
Ich hoffe, ich habe noch so viel zu entdecken
I hope I have so much left to discover
Wenn du eine Feder auswirfst, segelt sie in der Luft davon
When you cast up a feather it sails away on the air
und dann verschwindet es aus dem Blickfeld
and then it goes out of sight
Wenn du eine Scholle erwirbst, verhält sie sich nicht wie eine Feder
when you throw up a clod it doesn't act like a feather
Es kommt jedes Mal runter
It comes down, every time
Ich habe es ausprobiert und ausprobiert
I have tried it and tried it
Und das ist immer so
and it is always this way
Ich frage mich, warum das so ist
I wonder why it is

Natürlich kommt es NICHT runter
Of course it DOESN'T come down
aber warum SCHEINT es herunterzukommen?
but why does it SEEM to come down?
Ich nehme an, es ist eine optische Täuschung
I suppose it is an optical illusion
Ich meine, eine davon ist eine optische Täuschung
I mean, one of them is an optical illusion
Ich weiß nicht, was eine optische Täuschung ist
I don't know which one is an optical illusion
Es kann die Feder sein, es kann die Scholle sein
It may be the feather, it may be the clod
Ich kann nicht beweisen, was es ist
I can't prove which it is
Ich kann nur zeigen, dass das eine oder andere eine Fälschung ist
I can only demonstrate that one or the other is a fake
und ich überlasse dir deine Wahl
and I let you take your choice

Wenn ich zuschaue, weiß ich, dass die Sterne nicht von Dauer sein werden

By watching, I know that the stars are not going to last

Ich habe gesehen, wie einige der besten geschmolzen sind

I have seen some of the best ones melt

und dann rannten sie den Himmel hinunter

and then they ran down the sky

Da einer schmelzen kann, können sie alle schmelzen

Since one can melt, they can all melt

Da sie alle schmelzen können, können sie alle in derselben Nacht schmelzen

since they can all melt, they can all melt the same night

Dieser Kummer wird kommen, ich weiß es

That sorrow will come, I know it

Ich meine, mich jeden Abend aufzusetzen und sie anzuschauen

I mean to sit up every night and look at them

solange ich wach bleiben kann

as long as I can keep awake

und ich werde diese funkelnden Felder in mein Gedächtnis einprägen

and I will impress those sparkling fields on my memory

damit ich durch meine Phantasie diese schönen Myriaden wiederherstellen kann

so that I can by my fancy restore those lovely myriads

dann kann ich sie wieder in den schwarzen Himmel setzen, wenn sie weggenommen werden

then I can put them back into the black sky, when they are taken away

und ich kann sie wieder zum Funkeln bringen

and I can make them sparkle again

und ich kann sie durch die Unschärfe meiner Tränen verdoppeln

and I can double them by the blur of my tears

- Nach dem Sündenfall -
- After the Fall -

Wenn ich zurückblicke, ist der Garten für mich ein Traum
When I look back, the Garden is a dream to me
Es war wunderschön, überragend schön, bezaubernd schön
It was beautiful, surpassingly beautiful, enchantingly beautiful
und nun ist der Garten verloren
and now the garden is lost
und ich werde es nicht mehr sehen
and I shall not see it any more

Der Garten ist verloren, aber ich habe ihn gefunden
The Garden is lost, but I have found him
und damit bin ich zufrieden
and I am content with that
Er liebt mich, so gut er kann
He loves me as well as he can
Ich liebe ihn mit der ganzen Kraft meines leidenschaftlichen Wesens
I love him with all the strength of my passionate nature
und das ist meiner Jugend und meinem Geschlecht angemessen, denke ich
and this is proper to my youth and sex, I think
Wenn ich mich frage, warum ich ihn liebe, stelle ich fest, dass ich es nicht weiß
If I ask myself why I love him, I find I do not know
und ich möchte es nicht wirklich wissen
and I do not really care to know
Ich nehme also an, dass diese Art von Liebe kein Produkt der Vernunft ist
so I suppose this kind of love is not a product of reasoning
Diese Liebe hat nichts mit Statistik zu tun
this love has nothing to do with statistics
Es ist anders als die Art und Weise, wie man die Tiere liebt
it is different to the way one loves the animals
Ich denke, das muss so sein
I think that this must be so
Ich liebe bestimmte Vögel wegen ihres Gesangs
I love certain birds because of their song
aber ich liebe Adam nicht wegen seines Gesangs
but I do not love Adam on account of his singing
Nein, das ist es nicht
No, it is not that
je mehr er singt, desto mehr versöhne ich mich nicht mit ihm
the more he sings the more I do not get reconciled to it
Doch ich bitte ihn, zu singen
Yet I ask him to sing

weil ich lernen möchte, alles zu mögen, was ihn interessiert
because I wish to learn to like everything he is interested in
Ich bin mir sicher, dass ich es lernen kann
I am sure I can learn
denn zuerst konnte ich es nicht ertragen, aber jetzt kann ich es
because at first I could not stand it, but now I can
Es macht die Milch sauer, aber das macht nichts
It sours the milk, but it doesn't matter
An diese Art von Milch kann ich mich gewöhnen
I can get used to that kind of milk

Ich liebe ihn nicht wegen seines Glanzes
It is not on account of his brightness that I love him
Nein, das ist es nicht
no, it is not that
Er ist nicht schuld an seiner Helligkeit
He is not to blame for his brightness
weil er es nicht selbst gemacht hat
because he did not make it himself
er ist, wie Gott ihn geschaffen hat
he is as God made him
und das genügt, so wie er ist
and that is sufficient the way he is
Es war ein weiser Zweck darin, das weiß ich
There was a wise purpose in it, that I know
Mit der Zeit wird sich der Zweck entwickeln
In time the purpose will develop
obwohl ich denke, dass es nicht plötzlich sein wird
though I think it will not be sudden
und außerdem gibt es keine Eile
and besides, there is no hurry
Er ist gut genug, so wie er ist
he is good enough just as he is
Es ist nicht seine Gnade, um derentwillen ich ihn liebe
It is not his grace for which I love him
und ich liebe ihn nicht wegen seiner zarten Natur
and I do not love him for his delicate nature
Er würde auch nicht auf die Liebe Rücksicht nehmen
he would not be considerate for love either
Nein, in dieser Hinsicht fehlt es ihm
No, he is lacking in these regards
aber es geht ihm gut genug, so wie er ist
but he is well enough just as he is
und er verbessert sich
and he is improving

Es ist nicht wegen seines Fleißes, dass ich ihn liebe
It is not on account of his industry that I love him
Nein, das ist es nicht
No, it is not that
Ich glaube, er hat es in sich
I think he has it in him
und ich weiß nicht, warum er es mir verbirgt
and I do not know why he conceals it from me
Es ist mein einziger Schmerz
It is my only pain
Ansonsten ist er jetzt offen und offen mit mir
Otherwise he is frank and open with me, now
Ich bin sicher, er verschweigt mir nichts anderes als dies
I am sure he keeps nothing from me but this

Es schmerzt mich, dass er ein Geheimnis vor mir hat
It grieves me that he should have a secret from me
und manchmal verdirbt es mir den Schlaf, wenn ich daran denke
and sometimes it spoils my sleep thinking of it
aber ich werde es aus meinem Kopf verbannen
but I will put it out of my mind
es soll mein Glück nicht trüben
it shall not trouble my happiness
Mein Glück quillt schon fast über
my happiness is already almost overflowing
Ich liebe ihn nicht wegen seiner Erziehung
It is not on account of his education that I love him
Nein, das ist es nicht
No, it is not that
Er ist Autodidakt
He is self-educated
Und er weiß wirklich eine Menge von Dingen
and he does really know a multitude of things
Ich liebe ihn nicht wegen seiner Ritterlichkeit
It is not on account of his chivalry that I love him
Nein, das ist es nicht
No, it is not that
Er hat es mir erzählt, aber ich mache ihm keine Vorwürfe
He told on me, but I do not blame him
es ist eine Eigentümlichkeit des Geschlechts, denke ich
it is a peculiarity of sex, I think
und er machte sein Geschlecht nicht
and he did not make his sex
Natürlich hätte ich es ihm nicht erzählt
Of course I would not have told on him
Ich wäre umgekommen, bevor ich es ihm erzählt hätte
I would have perished before telling on him
Aber auch das ist eine Eigentümlichkeit des Geschlechts
but that is a peculiarity of sex, too
und ich nehme es nicht für mich in Anspruch

and I do not take credit for it
weil ich mein Geschlecht nicht gemacht habe
because I did not make my sex
Warum liebe ich ihn dann?
Then why is it that I love him?
NUR WEIL ER MÄNNLICH IST, denke ich
MERELY BECAUSE HE IS MASCULINE, I think

Im Grunde ist er gut, und dafür liebe ich ihn
At bottom he is good, and I love him for that
aber ich konnte ihn lieben, ohne dass er gut war
but I could love him without him being good
**Wenn er mich schlagen und misshandeln würde, könnte ich
ihn weiterhin lieben**
If he beat me and abused me I could go on loving him
Ich weiß, dass es so ist
I know it is that way
Es ist eine Frage meines Geschlechts, denke ich
It is a matter of my sex, I think
Er ist stark und gutaussehend
He is strong and handsome
und dafür liebe ich ihn
and I love him for that
und ich bewundere ihn
and I admire him
und bin stolz auf ihn
and am proud of him
aber ich könnte ihn auch ohne diese Eigenschaften lieben
but I could love him without those qualities
Wenn er schlicht wäre, würde ich ihn immer noch lieben
If he were plain, I would still love him
wenn er ein Wrack wäre, würde ich ihn immer noch lieben
if he were a wreck, I would still love him
und ich würde für ihn arbeiten
and I would work for him
und ich wollte Sklave über ihn sein
and I would slave over him
und ich würde für ihn beten
and I would pray for him
und ich würde an seinem Bett wachen, bis ich starb
and I would watch by his bedside until I died

Ja, ich glaube, ich liebe ihn nur, weil er MEIN ist
Yes, I think I love him merely because he is MINE
und ich liebe ihn, weil er MASKULIN ist
and I love him because he is MASCULINE
Es gibt keinen anderen Grund, nehme ich an
There is no other reason, I suppose
Und so denke ich, dass es so ist, wie ich zuerst sagte
And so I think it is as I first said
Diese Art von Liebe ist kein Produkt von Vernunft und Statistik
this kind of love is not a product of reasoning and statistics
Diese Art von Liebe kommt einfach von selbst
this kind of love just comes by itself
Niemand weiß, wann es kommen wird

No one knows when it will come
und die Liebe kann sich nicht erklären
and love cannot explain itself
Liebe braucht sich nicht zu erklären
love doesn't need to explain itself
das ist es, was ich denke, aber ich bin nur ein Mädchen
that is what I think, but I am only a girl
Ich bin das erste Mädchen, das sich mit dieser
Angelegenheit befasst hat
I am the first girl that has examined this matter
obwohl ich es aus Unerfahrenheit vielleicht nicht richtig
gemacht habe
although, out of inexperience, I may not have gotten it right

- Vierzig Jahre später -
- Forty Years Later -

Es ist mein Gebet, es ist meine Sehnsucht;
It is my prayer, it is my longing;
Ich bete, dass wir gemeinsam aus diesem Leben scheiden
I pray that we pass from this life together
Diese Sehnsucht soll nimmermehr von der Erde vergehen
this longing shall never perish from the earth
aber es wird Platz haben im Herzen eines jeden Weibes, das liebt
but it shall have place in the heart of every wife that loves
bis zum Ende der Zeit
until the end of time
und es wird bei meinem Namen genannt werden; Eva
and it shall be called by my name; Eve

Aber wenn einer von uns zuerst gehen muss, ist es mein
Gebet, dass ich es sein möge

But if one of us must go first, it is my prayer that it shall be I

denn er ist stark, ich bin schwach

for he is strong, I am weak

Ich bin für ihn nicht so notwendig wie er für mich

I am not as necessary to him as he is to me

Ein Leben ohne ihn wäre kein Leben

life without him would not be life

wie könnte ich es ertragen?

how could I endure it?

Auch dieses Gebet ist unsterblich

This prayer is also immortal

Dieses Gebet wird nicht aufhören, dargebracht zu werden,
solange Mein Rennen weitergeht

this prayer will not cease from being offered up while my race
continues

Ich bin die erste Ehefrau

I am the first wife

und in der letzten Ehefrau werde ich wiederholt werden

and in the last wife I shall be repeated

- An Evas Grab -
- At Eve's Grave -

ADAM: "Wo immer sie war, da war Eden"
ADAM: "Wheresoever she was, there was Eden"

Printed in Great Britain
by Amazon

47494475R00079